效率为王

卫哲 著

图书在版编目（CIP）数据

效率为王 / 卫哲著 . -- 北京 : 中信出版社 , 2025.
3. -- ISBN 978-7-5217-7306-4
  I. F272.3
中国国家版本馆 CIP 数据核字第 20241Y6T86 号

效率为王
著者：　卫哲
出版发行：中信出版集团股份有限公司
　　　　　（北京市朝阳区东三环北路 27 号嘉铭中心　邮编　100020）
承印者：　河北鹏润印刷有限公司

开本：880mm×1230mm 1/32　印张：9　　字数：158 千字
版次：2025 年 3 月第 1 版　　　印次：2025 年 3 月第 1 次印刷
书号：ISBN 978-7-5217-7306-4
定价：79.00 元

版权所有·侵权必究
如有印刷、装订问题，本公司负责调换。
服务热线：400-600-8099
投稿邮箱：author@citicpub.com

目录

序言
提高效率，穿越周期 _ V

01 存量时代，效率为王 _ 001

效率是商业成功不变的本质 _ 003

用可持续的效率，创造可衡量的用户价值 _ 009

第一核心效率指标 _ 014

02 领导效率：高效领导是科学也是艺术 _ 021

有了自驱力，效率才是最高的 _ 023

时间管理大于财富管理 _ 031

领导力＞领导权：激活内部战斗力 _ 038

好领导的"道""理""术" _ 045

03 组织效率：
将最高级别的注意力放在"人"上 _ 057

组织提效三步法 _ 059

高效组织建设的成果：源源不断"出干部" _ 077

组织顶层如何"搭班子" _ 089

企业长久靠的是价值观 _ 095

04 运营效率：
没到大公司，别先得"大公司病" _ 101

两个"严控"，远离"大公司病" _ 103

优化运营流程，避免官僚主义 _ 108

不会开会，运营效率高不了 _ 112

设计报告制度的三个核心 _ 118

以终为始，压力测试 _ 124

05 资产效率：
先做减法，后做加法 _ 133

提升资产效率："先关窗，后捡纸" _ 135

避免无效资产，破除淡季思维 _ 139

现金流：从运营资本下手去改善现金流 _ 143

06 战略效率：
战略不是必需品而是奢侈品 _ 149

三级规模效益理论 _ 151

战略的本质是资源分配 _ 157

制定战略的两套方法论 _ 166

战略罗盘：取舍、排序、里程碑与复盘 _ 172

战略落地三部曲：三年战略，两年计划，一年预算 _ 178

07 技术效率：
数字化转型和打法 _ 183

四个"在线"：用技术提升组织效率 _ 185

四个"起来"：提升用户体验和运营效率 _ 195

数字化建设的三个阶段 _ 202

数字化运营："旧城改造"与"新区开发" _ 206

08 创新效率：
创新离不开创业环境与精神 _ 211

企业创新效率为什么越来越低 _ 213

创新以提升效率为第一要务 _ 216

还原创业环境，提高创新成功率 _ 220

09 出海效率：
国内越红海，国外越蓝海 _ 225

以终为始，构建财务模型与选择产品品类 _ 227

从四个"单一"到四个"拓" _ 235

独立站：为企业成为出海品牌"增效" _ 244

10 个人成长效率：
趁年轻，去打造一只属于自己的"股票" _ 253

选择比努力更重要 _ 255

职场 30 年：管理好人生的财务报表 _ 260

定期做好规划与复盘 _ 267

序言
提高效率，穿越周期

十多年前，我告别了阿里巴巴。那时我正值不惑之年，开始思考人生下半场的方向。我说过一句话："换行不换岗，换岗不换行。"若既换行又换岗，此前的积累便可能付诸东流；但若两者皆不换，生活又容易陷入无意义的重复。于是，我决定基于这一思路探索新的道路。

在此之前，我的职业生涯横跨投行、零售与互联网三大领域。作为东方证券投资银行总部的首任总经理，我在投行界深耕7年；随后转战零售界，在百安居担任CFO（首席财务官）和CEO（首席执行官），积累了5年的实战经验；后来，在阿里巴巴的5年多时光里，我深入互联网科技的核心，见证了行业的飞速变革。

然而，投资恰恰是"换岗不换行"，当我踏入投资领域时，一个关键问题迅速浮现，这也是我在担任CEO时经常思考的问题，更是一个战略层面的问题：我与同行的差异何在？做企业最怕的是同质化，而投资背后的资金是最难实现差异化的，因为钱这个"产品"本身并无二致。

回顾我在阿里巴巴的5年多时间，互联网独特的"freemium"（免费增值）模式——先免费增加用户黏性，再通过增值服务实现赢利——让我看到了新的可能。于是，我尝试将这一模式引入投资领域，提出"把免费的投后咨询与赋能前置"的策略。我们不再局限于传统的投资模式，而是将投资后服务提前到投资前，以专业的免费咨询为企业家服务，并为他们创造独特的投资机会。

14年来，我们投资了100多家企业，有30多家企业已经实现了IPO（首次公开募股），有5家是过千亿元的超级大市值企业，其中80%以上是上述freemium模式创造的投资机会。

在投资与赋能这些企业的过程中，我越来越深刻地感受到：嘉御资本经历的这14年，中国经济的发展可以分为上半场和下半场。上半场是一个追求速度、追求规模的增量经济周期。早在六七年前，我就预感到，中国增量经济时代即将结束，很快会进入一个低增长的存量经济时代——下半场。存量市场体现在市场已经饱和，部分行业甚至处于萎缩状态，陷入"僧多粥少"的"内卷"局面。

很多人问我，下半场这个周期会有多长？历史上但凡称为"周期"的，肯定不止三五年，至少10年都将处于这个周期当中。

那么，这个新开启的存量周期都体现在哪些方面呢？我认为主要体现在三个方面。

进入存量经济时代

世界经济需要一个火车头来带领。二战之后，美国经济可以说是世界经济的火车头，这个火车头一路从二战结束开到了1973年第一次石油危机爆发，加上深陷越南战争泥潭，美国的经济火车头由此熄火。这是一个将近20年的周期。

随后日本接过接力棒，经济开始腾飞。直到1985年《广场协议》签订，日本经济的高速增长时代才画上句号。

很快，东欧剧变、苏联解体，西欧抓住机会，获得了巨大的市场和优质的劳动力。欧洲经济从20世纪90年代初开始的增长动力一直持续到了21世纪初。

中国在加入WTO（世界贸易组织）后，开始担当起全球增量经济的火车头角色，并且这个角色一直担任了20年，几乎是二战后最长的一个国家级经济向好周期。

与所有担任过经济火车头的国家一样，中国经济也将不可避免地进入存量时代。如今，无论是消费、外贸、基建还是GDP（国内生产总值），我们都很难再见到过去那种两位数的高速增长了。此前高速增长的行业、市场增长的红利,以及互联网的红利,也都随着经济存量增长逐渐回落。美国早在40年前经济就已进入存量时代,维持在1%~2%的增长,相比而言,如果中国GDP每年增速为3%~4%,每年增长的新蛋糕就可以与美国的增量一样大。

当然,经济存量中间也会有此消彼长的部分,所以不论是创业还是投资,我们都要尽量避免"消"的部分,多去关注"长"的部分。

流量红利触达天花板,进入流量存量时代

消费互联网可以归纳为流量经济。互联网的一波发展,将用户从线下搬到了线上;移动互联网的一波发展,又将用户从PC(个人计算机)端搬到了移动(手机)端。

新经济在很大程度上依靠的是互联网,互联网增长主要靠流量,而现在的互联网流量,或者说To C(面向消费者)流量,也已经不再增长。

流量是如何构成的呢?

简而言之,流量等于用户数乘用户时长。但从2017年起,中国互联网用户数就基本不再上涨;2018年短视频出现后,用户时

长又出现增长。统计数据显示，中国互联网平均每日使用时长已达 312 分钟，即 5 个多小时，但用户数并未增长，时长也很难增加，总流量自然也不会涨。互联网流量的红利时代已经过去。

此外，中国互联网四大巨头——百度、字节跳动、阿里巴巴、腾讯，又控制着中国互联网流量 70%~80% 的市场份额，只有不到 30% 的流量留给剩下的互联网企业。如果以消费互联网作为新经济的载体，总流量不但不增长，大流量还被四大巨头控制，消费互联网再出现新企业将会非常困难。

事实上，互联网就是虚拟的商业地产，互联网的"地"就是用户。用足够低的价格圈的"地"足够便宜，且圈的"地"足够大，这就是互联网的核心运营模式。2014 年前后，互联网获取一个有效活跃用户的成本是 2~3 元，但到 2019 年，这一成本已经达到 100 元以上，现在的成本更高。这个逻辑与地产的逻辑是一样的，地产赢利并非赢在产品设计或模式管理上，更多是因为拿到的地便宜，所以赚钱就多。按照这个逻辑，流量走向存量时代，流量红利逐渐消失也就在所难免了。

资本逐渐迈向再循环体系，进入资本存量时代

2018 年之前，中国 VC（风险投资）/PE（私募股权投资）

每年新募集的资金达1万亿元人民币，但作为VC/PE行业的主要募资来源，不论是保险、高净值个人还是家族LP（有限合伙人），每年获得的回报都只有两三千亿元。这种情况很难长期持续，因为"地主家"不可能永远都有"余粮"，资本也由此进入存量时代。

相比之下，美国VC/PE行业成立时间比中国早，每年新募资的金额一度比中国还要少，但有一点非常重要，就是每年VC/PE通过项目退出时，给LP的金额和每年新募资的金额几乎一样，行业总量变动不大，所以美国VC/PE的资金是处于一个再循环的体系中的。

如果一只基金有两三倍的现金回报给LP，并劝说他们再拿1.5~2倍的资金投入下一只基金，我相信大部分投资人是没有意见的。但如果你持续地要钱，却给不了他们相应的回报，那就相当于永远在要增量，是根本不可能实现的。

在增量经济、资本过剩的时代，一个经济体、一个行业处于高速增长阶段，更多的是依赖资本投入和产能扩张，效率改善可能显得没那么重要，大家都在"求大""求快"。这是资本和产能拉动的结果。

进入存量经济时代后，企业想要生存、增长，就要更加激烈地争夺现有的客户和存量市场，甚至要到竞争对手那里抢生意，企业之间的竞争会更加激烈。在这种市场环境下，企业就不能再沿用以前那种规模为王、速度为王的打法，而是要正视自己的"内功"，提升效率，这样企业在市场上才会更有竞争力。

在本书中，前四章我从有效的时间管理、优化组织流程和增强运营管理入手，分享了自己过去近30年的企业管理经验，总结了如何通过促进个人和组织的持续发展来提高效率。

第五章到第八章，我从企业资产、企业战略、企业技术和创新的角度，总结了企业如何实现资源的最佳利用、如何制定战略、如何进行数字化运营以及如何实现创新，从多个角度阐述了企业不断提升自身效率和竞争力的有效策略。

第九章"出海效率"是在确定了本书提纲后增加的内容。嘉御资本自2018年成立跨境出海团队以来，2024年进入了收获期。虽然国内市场竞争非常激烈，但正因为如此，我们的供应链得到了极大的锻炼和提升。我们的任务就是将这种优势转化为全球竞争力。第九章结合我近几年对跨境电商赛道发展状况的观察和分析，阐述了我对渠道拓展、研发投入、产能布局等方面的理解，希望这些观点能够帮助跨境出海企业在海外市场拓展的道路上少走弯路、取得成功。

最后一章分享了我个人近30年的职业规划，以及我对职业生涯、个人成长的一些感悟。个人成长效率的提升和每个人息息相关，不仅有助于个人的职业发展，也能为团队和组织的成长带来更大的价值。

有人说十年磨一剑，《效率为王》是时隔20年之后我写的第二本书。过去近30年，从企业管理到投资，我看到了无数企业在成长和发展过程中踩过的坑。尤其是进入存量经济时代，很多企业仍然执着于追求快速成长和扩大规模，把效率放在了第三位，结果给企业带来了巨大的风险。为此，我觉得有必要把自己的经验拿出来与大家分享一下，虽然这些不一定都是成功的经验，但希望能帮助大家尽量避免失败，从教训中学习，也希望本书能让创业者和企业经营者增强效率意识，从中找到一些提升效率的方法，避免在存量经济时代踏入万劫不复的深渊。

01

存量时代，效率为王

效率是商业成功不变的本质

在增量经济时代，如果说企业之间比的是谁的蛋糕做得大，那么进入存量经济时代后，比的就是谁切蛋糕的能力强。这种能力就是效率。没有一个企业会忽略效率问题，但怎样才能让你的效率更高，切蛋糕能力比别人更强？就是要不断提升效率，努力做到"效率为王"。

过去大家最喜欢的企业标准有两个：增长和规模。我做投资多年，其间我收到过成千上万份的商业计划书，主题思想都是"我未来可以做到多大""我可以增长多快"，很少有人会提到"我的企业运营效率有多高"——现在的效率有多高，以及未来随着企业做大、增长加速后，效率又将达到多高。我在跟创始人见面沟通时，一旦问到他们有关效率的问题，很多人就答不上来了。他们给我的理由是："我们不是传统行业，传统行业才讲效率，我们是互联网行业！"似乎互联网行业不需要追求效率，只追求快速发展、规模做大，其实互联网企业"快"和"大"的背后体现的更是效率。

存量经济时代，是效率为王的时代，而效率为王就意味着效率要压倒一切，尤其是要压倒"增长"和"规模"两大标准。企业必须把原来可能排在第三位的"效率"，上升到企业创始人、企业经营者思维的第一位，要让它成为压倒企业对增长、对规模的渴望的关键要素，才能让企业更好地在新的经济周期中生存下来。

新周期不是一个两三年的窗口期，或暂时的低谷，我们要做好10年以上的准备。在这期间，企业发展应该关注以下两组重要的关系。

增长与效率的关系

企业经营就像开车，不仅你在开，同行也在开。在经济高速增长时期，大家都比谁开车速度更快，根本不用看油耗多少，只要你开得足够快，比同行先到达下一个加油站，你就能加满油继续往前开。

油是什么？对企业而言，油就是VC/PE的资本，像嘉御资本这样的机构提供的资金就是"油"。

在增量经济时代，油多且便宜，大家都在拼速度，都想快点到达下一个加油站，加满油后继续领先，甚至还可以把加油站里的油都加完，让其他同行加不到油。

进入存量经济时代，油变得少且贵。"油"是资本，资本贵就意味着企业估值变低。我们投资过一家企业，其估值达60亿元，后续融资3亿元，股权仅稀释了5%，创始人觉得很便宜，认为股权还可以再稀释5%，这样就能再融资3亿元，甚至未来不止融资3亿元。但如果企业只有10亿元估值，你就不能这样做，因为融资3亿元意味着会稀释掉30%的股权，融资三次后创始人企业的股份可能就没了。

当油多且便宜的时代结束时，开车就不能只比速度，而是要开始比油耗。同样一箱油，谁的车油耗低，谁就能开得远。当然，在保持低油耗的同时，你还要尽可能开得比别人快，这就要考量你的开车技术和车的性能。如果还能找到省油的捷径，你就会更领先，比别人更快地到达终点。

创业和投资都是如此，都要看"赛车手"的水平、"赛车"的性能和"赛道"选择。赛车手就是企业经营者，企业经营者水平高，企业油耗就低；赛车的性能就是企业的经营模式、商业模式，如果你善于将赛车调整到低油耗、低功率模式，你的企业就能走得更远；赛道也很重要，有的路费油，有的路是捷径，就能更省油，选对了路，油耗也能降低。

车速与油耗的关系，就相当于企业中增长与效率的关系，这也是我们要关注的第一组关系。

规模与效率的关系

我们仍然用开车来比喻，规模与效率的关系更像是用货车拉货。假如你有一台载有超大集装箱的大货车，我则有一辆小面包车，你的载货量是我的10倍，那意味着你拉一趟货的收益相当于我拉10趟的收益。

在增量经济时代，大家肯定都喜欢大货车，甚至觉得越大越好，因为集装箱总能装满，规模大也就意味着产能大、效益高。而进入存量经济时代，你的大货车不一定能装满了，拉一趟货不但赚不到很多钱，还可能出现亏损。相比之下，我的小面包车多跑几趟反而更有优势。

现在，许多企业仍然在盲目扩大产能，盲目建设销售网络、搭建大销售团队，企业规模也搞得很大，看似冲高了GMV（商品交易总额）和营收，但最后利润却不见增加，甚至还减少了。这就是只知道追求规模，忽略了效率的结果。

最近几年，我在各种媒体上看到当年的一些超级"独角兽"

不断倒下。它们是因为缺钱吗？并不是。恰恰相反，它们都是当年加满了油，并且加了很多油、拿到很多次融资的企业。这么多有优势的企业倒下，一个重要原因就是它们只看增长不看效率，只看车速不看油耗。有好几位独角兽企业创始人在媒体上反思，称如果自己当年没有拿到那么多钱，可能就会更重视省钱，更加谨慎地控制支出，而不是没有效率地追求增长，消耗了加好的油，加速了企业的死亡。

比如，有些互联网二手车企业在拿到融资后便疯狂追求规模，从初期一个月交易几千辆逐渐上升到一个月要交易几万辆。数据看上去很好看，规模也在不断扩大，但仔细分析你会发现，它们的效率并没有提升。原因是卖二手车和新车不一样，新车从几千辆到几万辆，上游的品牌商随着销售量的增加会不断地增加返点，也就是能提高每辆车实际交易成交的毛利率。而二手车的卖家都是单一用户，对每个卖家来说，你帮平台卖的每辆车和整体卖的规模并无关系，即不会因为你卖得多，平台就给你增加更高的返点和佣金。所以互联网二手车企业是典型的有规模不一定有效益的案例。如果不能解决单车交易的毛利覆盖经营成本的问题，规模越大，就只会带来越多的亏损。

商业的本质不仅仅是追求增长、扩大规模，更要有效率。在存量经济时代，高效率的企业照样可以脱颖而出。先提效率，再上速度，之后上规模。反之，企业如果没有效率的增长，那么不是在慢性自杀，而是在加速自杀。企业要摆脱唯速度论和唯规模论，不要总把关注点放在自己比去年翻了几番，而要关注翻几番后人效有没有降低、平效有没有降低、毛利率有没有降低、市场营销费用投入产出比有没恶化、库存周转有没有变糟……

最理想的状态应该是，企业既有增长又有规模，效率也有提高。最怕的是很多企业只看增长和规模，效率指标却在不断下降，那最终只会走入死局。

用可持续的效率，创造可衡量的用户价值

很多人问我，做投资怎么看项目价值？我认为一个项目值不值得做，关键要看两点：一是企业能不能创造可衡量的用户价值，二是能不能用可持续的效率持续创造这样的价值。这两点缺一不可，也是企业能够生存和持续发展的两个最关键因素。

简单来说，第一点就是客户第一。这不仅是一个口号，还需要企业将其落实到行动。一个企业能够在市场上生存，一定是可以为用户创造价值的，无论是 To C、To B（面向企业用户）还是 To G（面向政府机构）。不能创造价值，用户就不会买单，企业就不可能生存下来。

用户价值是什么？

从本质上来说，用户价值无非四个字：多、快、好、省。很多企业信誓旦旦地说：我们可以为用户创造价值，能够实现多、

快、好、省。这相当于在为用户价值定性。但一件事不仅要能定性，还要定量。定性比较容易，定量却很难。

在创业企业的商业计划书中，创始人在描述自己的业务发展战略时，经常会定性地说我比别人做得多、我比别人快、我比别人做得好、我比别人省，然而"多、快、好、省"四个字如何量化，如何衡量自己比别人多多少、快多少、好多少、省多少，很多创始人都说不清楚。

如果你能把"多少"说清楚，那就是可衡量的用户价值。

20多年前，淘宝跟eBay（亿贝）在中国展开竞争[①]，后来很多人津津乐道eBay被淘宝打败。怎么打败的？淘宝做的第一件事就是制定了一个可量化的"多"——淘宝陈列的商品数必须达到eBay的10倍，并且要长期保持10倍。这个10倍就是可衡量的，它能让消费者产生一种目不暇接、可选择范围更大的感觉。所以，淘宝成立第一天就是要以多取胜。

后来京东崛起，主打的是"快"，也就是依靠物流的快速来取胜。当时京东制定的可衡量指标是"电商购物三日达"，再后来进阶到"次日达"，甚至"当日达"。京东想要体现自己的"快"，

[①] 2003年7月11日，eBay以1.5亿元合并了中国当时最大的电子商务公司EachNet（中文名为"易趣"），并推出联名拍卖网站"eBay易趣"。这里所说的淘宝和eBay的竞争，实质上就是淘宝和eBay易趣的竞争。——编者注

并没有空口说"我比你快",也是用了一个可衡量的指标来体现。

说到"好",就要提到唯品会。唯品会怎么保证"好"呢?它主打"大牌特卖",上面的商品都是大品牌,质量有保障。它的"好"不是说唯品会本身好,而是消费者已经认定"好"的大牌都在唯品会上进行特卖。而且它在提供好商品的同时,还提供好服务,如果顾客对买回来的商品不满意,唯品会立刻安排人免费上门退换货,总之就是要让消费者满意。

最后说到"省",一个例子就是拼多多的"9块9包邮"。它靠的是针对下沉市场精准的"省",主要打法就是去掉中间商,让厂商与消费者直接线上交易,利用拼团机制将厂家薄利多销的意愿持续放大,从而产生了更低价的商品。它的"省"并没有直接告诉消费者"我很便宜",而是用一个可衡量的指标体现出来。

消费者肯定都喜欢"多、快、好、省",但是站在企业角度,你就需要设置一个具体的、可衡量的用户价值KPI(关键绩效指标),这里的"K"本质上代表的就是"客户""用户"。这种可衡量的用户价值不仅能帮助企业清晰地了解自己的竞争优势,还能让企业更好地向市场和消费者传达自己的价值所在。

那么,是不是创造了可衡量的用户价值,企业就一定没问题了呢？并非如此。如果你创造的用户价值瞬间到顶，但坚持不到第二年、第三年，也同样不行，企业必须用可持续的效率去创造用户价值。

举个例子，共享单车有没有用户价值？我认为它在诞生初期很有用户价值，如果它没有用户价值就不会有那么多人使用。但是，最早那批生产共享单车的企业的资产效率、运营效率都是不可持续的。每一辆共享单车都是资产，但这辆单车都报废了，成本还没收回来，这样的资产效率肯定无法持续，这也是一些共享单车企业最终倒下的关键原因之一。

除了共享单车，很多O2O（线上到线下）商业模式曾经也很火爆，例如送货上门服务等，用户体验感都不错，也很有用户价值。后来很多O2O纷纷倒下，并不是倒在用户需求不够或用户价值不足上，而是倒在不可持续的效率上。

总体来说，企业创始人需要重点关注以上两个问题。如果企业不能为用户创造可衡量的价值，我们通常称企业正在做一件"伪需求"的事，这个需求并非真实存在，它可能是补贴出来的，也可能是创始人想象出来的，真实的需求背后一定有可量化的价值。

同样，企业在持续创造用户价值的同时，还要关注自身效率是不是可以持续。有些创始人认为，企业有相应岗位的CFO、财务总监，效率这件事由他们负责就好，自己负责制定战略就够了。但我认为，创始人才是确定企业效率指标的第一人，是既握着方向盘，又要踩油门，还要会刹车的司机，司机在开车时是不可能把控制油耗的事交给副驾驶的。

第一核心效率指标

我们经常听说，某个企业的市值越来越大，发展速度越来越快，但是，"大"和"快"并不代表这个企业的实力越来越强、效率越来越高。

什么是"强"？企业效率高才是强。判断企业效率的高低，关键在于企业要找到自己的核心效率指标，并且一定是第一核心效率指标。这个效率指标就像人的 DNA（脱氧核糖核酸），你有什么第一核心效率指标，你的企业就会成长为什么样子。第一核心效率指标不仅是财务总监的事，更是企业创始人必须亲自去做的事，因为它事关企业的生死存亡。

那么，什么是企业的第一核心效率指标？企业为什么只看一个核心指标？

从财务上来说，企业中开支最大、占用资金最多的科目，就是企业应该树立的第一核心效率指标。以互联网公司为例，互联网公司的一大特点是工程师人数多、薪资高，开支最大的就是人力资源。所以，阿里巴巴当年会在 To B 业务上设定一定的效率指标，比如每年人均创造 100 万元营收；再比如淘宝每年人均创造 1 亿元的 GMV。这就是企业的第一核心效率指标，也就是人效。

当然，并不是所有行业的人效都是第一核心效率指标，第一核心效率指标也因行业而异。很多做零售的企业，比如商业连锁企业，第一核心效率指标通常是平效，因为这类企业最大的开支是租金，租金就涉及租赁面积，那么每平方米的产出就是它的第一核心效率指标。

工厂中占用资金最多的是固定资产，如厂房、机械设备等，那么机械设备的开工率就是工厂的第一核心效率指标。贸易公司的应收账款占用资金最多，那么应收账款的周转天数和周转率就是它的第一核心效率指标。对很多电商品牌来说，最大的开支是营销费用，那么营销费用的 ROI（营销投资回报）就是它的第一核心效率指标。

企业找到第一核心效率指标后，要怎么去设定标准呢？到底什么是好的标准，什么是不好的标准？设定第一核心效率指标的标准有三种方法，我建议企业按照从易到难的顺序实施。

第一种方法：用自己的现在与过去对比

效率指标的好坏是比出来的，所有企业都要坚持从最容易的做起，就是用自己的现在跟过去做对比，并且要使今年的效率指标超过去年，不能比去年差。如果去年你的企业已经达到了人均100万元的营收，那么今年人均90万元营收就不行，哪怕今年人均101万元营收也是胜利。否则，今年的效率比去年低，就算企业营收有增长，也说明你的效率是下降的，这是一种自杀行为。

企业各项效率指数只有一年比一年好，才能说明效率在不断增长。这就是用自己的现在跟过去对比，你要让自己今天的最好成绩成为明天的最低要求。

第二种方法：用企业内部可比部门进行对比

这种方法还是自己跟自己比，只不过与第一种纵向对比的方法相比，这种方法属于横向对比。虽然企业内部不是所有部门之间都能对比，但你要想办法找出那些能互相对比的部门。

内部部门比较的标准如何设立呢？就是在比较时，一定要去掉一个最高分,把可比部门中效率最高的部门排除,即不考虑效率最高的部门。

比如,你的公司有100家门店或者有100个销售团队,那么业绩最好的门店或销售团队肯定是效率最高的,但这样的门店或销售团队有其特殊性,不适合作为效率标准。如果你要拿最高标准要求其他部门或团队,大家心里会不服气,也会给自己的低效寻找各种理由。

你要从第二名开始,把第二名作为效率标准来要求所有的部门和团队,理论上企业中所有可比部门都能靠近第二名。如果可以做到这一点,你的企业在效率上就已经很了不起了。

第三种方法:与自己的同行对比

以前,企业之间会比谁的增长速度能够碾压同行;进入存量经济时代,比速度已经没有意义,企业之间要比谁的效率能够碾压同行。

在同一个行业里,你的第一核心效率指标往往也是同行的第一核心效率指标。比如在互联网行业,如果你的人员开支最大,人效是第一核心效率指标,那么你的同行大概率也是将人效作为第一核心效率指标。只有在第一核心效率指标上碾压同行,你才能在这个新的周期中跑得远、跑得赢。

有些人会说,我要创新,要颠覆一个行业,并且认为创新只需要颠覆用户体验就能成功。但我想问的是:你只颠覆用户体验,有没有关注到自己的效率能否颠覆你要颠覆的行业呢?

以我前文提到的互联网二手车企业为例,这些企业打出很多二手车品牌,广告也做了不少。由于是全国联网,用户可以在上面选择各种车辆,在"多、快、好、省"四个衡量用户价值的标准中,互联网二手车行业可能做到了车辆选择"多",但"快、好、省"三个指标就不好衡量了。

某互联网二手车企业称"在全国有100个网点""平均每个网点有1万名员工""我们一个月成交3万辆车"……这些指标单独拿出来都不错,形成了一定规模。但是一计算,3万辆车除以1万名员工,人均月成交3辆,这个数据可不怎么样,甚至效率还不及传统的二手车"黄牛"。二手车"黄牛"人均月成交量达到6~9辆车才能生存。人均月成交3辆车的效率,怎么去颠覆传统"黄牛"呢?如果你想通过砸钱去颠覆"黄牛",那就更是效率低的表现了。

所以,如果你想实现跨行业颠覆就要知道,跨行业和创新模式既要在用户体验上碾压原有模式,也必须在效率上完成降维打击。这就更加要求企业创始人保持清醒，找到自己所在企业的第一核心效率指标，继而用以上三种方法来设定标准，努力让自己长期在效率指标上超越同行，企业才能在新的时代脱颖而出，成为整个行业中油耗最低的那辆车。

# 02

领导效率：
高效领导是科学也是艺术

有了自驱力，效率才是最高的

我们在年轻的时候，工作时特别在意领导的关注和评价。领导来考察，觉得你表现不错，可能就会找你谈话，并告诉你：你要晋升了。我们听到这样的话都会受宠若惊，因为这表明领导很看重我们、要晋升我们。

然而，现在当一些领导对一些90后、00后优秀的销售人员或工程师说："你做得不错，明年打算升你当主管，继续努力！"对方一听，可能并不高兴，还会反问道："为什么要让我当主管？我做销售很开心啊！我做码农也很好啊！我管好自己就行，不想管别人。"

很显然，新一代人的想法已经与上一代完全不一样了。

淘宝当年怎么解决这个问题的呢？自我驱动。年初时，如果一个员工觉得自己年底想晋升，那就先打申请报告。不打报告的人，一定不会被晋升。能不能晋升两级？可以，你同样要打申请报告要求晋升两级，然后公司用晋升两级的标准要求员工，用业余时间增加培训强度,报名的员工也不会有怨言,因为是他自己主动要求晋升的。

对新一代人来说,想让他们有更高的工作效率,就要看企业能不能给予他们自我驱动的机制。一个人有了自我驱动力,效率才是最高的。

自我驱动是个人效率最好的来源

从前我们管理企业,面对的员工更多是80后,这些人大部分属于第一代独生子女,我们暂且称他们为"独生子女1.0版本""温饱一代"。他们中很多人可能还有一些贫困的记忆,小时候家庭无法为他们提供更多帮助,为了摆脱贫困和拥有一个更好的未来,他们也更能吃苦。我记得我们以前在招聘80后员工时,经常会询问他们的家庭环境,会问他们"你的梦想是什么"。不少80后的梦想都是通过自己的拼搏,把家人从农村接出来,过上好一点的生活。

面对这一代员工,激发他们的方式很简单,就是提高他们的收入,让他们的收入翻倍。当然,他们身上仍然有父母那代人的影子,用精神鼓励、给予荣誉等方式也能激励他们。但从整体上来说,物质生活的提升可以更好地驱动他们的工作积极性。

今天，90后甚至00后已成为社会和企业的中坚力量，我们可以称他们为"独生子女2.0版本""小康一代"。他们所处的家庭环境、社会环境都明显好过上一代。在他们的理念中，"好玩比好用更重要"。如果你问他们的梦想是什么，他们的回答很可能是"一边撸猫，一边写代码"。就算是离职，他们给出的理由也都是从自我感受出发，比如"我不喜欢老板，他天天板着脸一点也不好玩"。相较于对物质方面的需求，90后和00后工作效率提升的动力，往往来自他们对这件事情本身的喜欢和热爱。80后"干一行爱一行"，到90后和00后身上已经转为"爱一行才能干好一行"了。

物资匮乏的时候，"好用"是非常重要的；但现在经济好了，日子也不错，光"好用"可能就不够了，更重要的是"好玩"。

这让我想到一个例子。很多人都用过诺基亚手机，但现在市面上已经很少能见到这个品牌的手机了，诺基亚到现在也没弄明白自己是怎么把品牌做垮的。诺基亚的最后几个机型，在音乐、游戏、地图方面都有设置，也有触摸屏，还花钱买了几百万首歌的版权，让用户可以免费听，几万款游戏装在手机里，可这些很多人都不知道。

问题出在哪里呢？

作为电话和通信工具，诺基亚真的好用。我的最后一部诺基亚手机大约用到 2015 年,那年我去非洲的野外看动物,在离狮子十几米的地方,我的手机突然响了,把狮子吓了一跳,也把我吓了一跳。周围同伴其他品牌的手机都没信号,只有我的诺基亚手机有信号。

诺基亚始终认为,自己要做一个好用的通信工具,诺基亚也是这样做的。但后来我有机会跟苹果高管交流,对方说,每天打电话超过 2 个小时的人基本是在呼叫中心工作的人,一般人不太会超过这个时间,但是,每天玩手机超过 2 个小时的却大有人在。基于此,苹果手机的定位首先是好玩,其次才是好用。

今天做产品,要找到能让用户觉得产品好用且好玩的点,产品才能卖出去(见图 2-1)。做企业也一样,你要找到真正能驱动

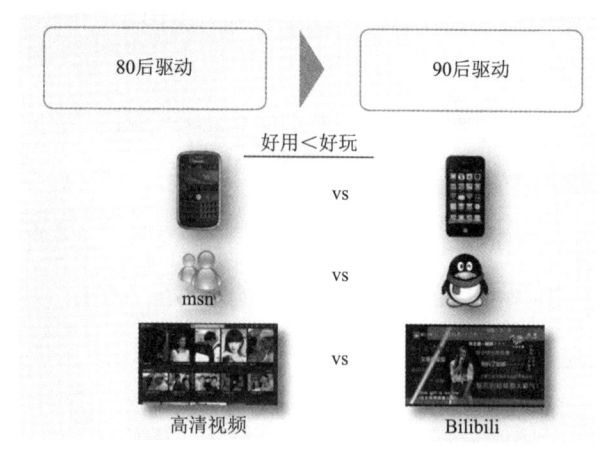

图 2-1 自我驱动在不同时代的演化

员工动力的点,那就是从"干一行爱一行"到"爱一行才干一行"。企业要有"好玩"的要素,比如可以让员工带宠物来上班,让员工主动提高工作热情,而不是逼着他们去提效。

自我激励是提高个人效率的核心

任何一个企业中,如果每个最小的作战单位都有活力,企业就会有活力。企业应该想办法把一个大的组织变小,因为在一个1万人的企业,哪怕是100人的企业中,个人的成就感都会变得很小,也很难有动力突破自我、提升效率。

当你把大的组织拆分为一个个小组织后,只要这些小组织有活力、好驱动,你的整个组织效率就可以提高。现在很多店铺搞内部员工加盟,让员工自己当老板,就是在拆分组织,让每个员工都为自己的目标做事,自己选店长、选主管,他们当然会有动力。

一个团队最重要的一点,就是了解团队中每个人的目标或梦想是什么,然后帮助他们实现,或者创造机制让他们实现。这是最有效的自我激励方式,也是提高个人效率的核心点。

提倡员工自我约束

个人效率提升,仅靠自我驱动、自我激励是不够的,企业管理肯定还要有一定的约束力。然而,90后、00后都不喜欢被约束,特别讨厌被管头管脚,那怎么办?提倡自我约束。

以前我工作的公司,员工晚上加班的话,可以在公司免费吃一顿晚饭。当时,一顿晚饭的成本是15元,一年有大约250个工作日,公司每年要支付大约2000万元。

最早的管理方法很简单,员工提出加班申请,主管批准,然后给员工一张餐券。晚上6点开饭后,员工就可以去吃。大家觉得这个制度很正常,因此沿用了很多年。

但是后来我们反思,这个制度是不是真的好呢?

首先,没人规定工作到几点以后算是加班,所以有一些员工晚上6点去吃饭,6点半吃完,到办公室加班到7点离开。公司中没有制度说这样不行。

其次,我们从来没想过,每天有五六千人申请加班,主管一一批准、发餐券,这个动作要花费多少时间成本和金钱成本。因为有五六千人要把申请理由写在纸上,或者通过OA(办公自动化)系统提交给主管,主管再撕一张餐券给员工，这些都是有成本的。

在发现这些问题后，公司干脆就取消了申请制度，并且跟员工讲，加班晚餐是给加班员工提供的，如果你不加班，最好不要吃；但如果你当天很累，回去不想做饭，吃完后再回去也没关系。反正公司是大家的，把公司吃光、吃穷后，咱们就散伙。

取消报批手续后的第一年，加班餐费比前一年多出了100万元，看似好像更不合理了，但计算一下，200多个工作日，每天几千人提出申请，主管批准发券，中间消耗的人工效率何止100万元！更重要的是，员工感到更自由、更满意了。

大多数团队和员工，都有自我约束能力和正常的道德底线。要提高个人效率，就不需要设置太多制度约束，而是鼓励员工自我约束。你在把"制度约束"变为"自我约束"后，还可以增加员工对企业的信任感，他会觉得，公司没有约束他、管制他。

在企业管理中，德治比法治更有效，它需要的是价值观的塑造与认同，而不是越来越厚的制度手册、越来越多的规定。企业和员工在斗智斗勇中只会持续内耗。现在人们在公共场合，将背包、手机等遗落在某处，可能都不会被他人拿走，说明社会整体的道德感正在提升，我们没有理由认为公司员工的道德会相背而行。

作为企业管理者，我认为我们应该经常思考一下：企业的自我驱动措施是什么？激励手段是什么？企业有没有对员工进行太多的约束和限制？这些措施和手段是否在持续地提升企业的隐性成本，降低员工的个人效率？尤其在面对年轻员工时，自我驱动、自我激励往往比靠管理者给他们"打鸡血"更能激发他们的工作积极性。

时间管理大于财富管理

我经常跟年轻朋友说一句话，就是在就业后的第一个十年乃至第二个十年不要去碰理财，而是要理时间。与其买别人的股票，不如趁年轻打造一只属于自己人生的股票。一二十年后，随着年龄逐渐增长，你再慢慢去选择赋能别人，比如做投资。

对年轻人来说，时间是很重要的。这个世界有很多不公平，比如家庭出身、学历等，但有一件事绝对公平：我们每个人每天都拥有 24 小时。如果医学没有重大突破，每个人的寿命都是 3 万多天。时间对每个人来说，都是平等的。

有人说，理财可以让财富增长啊！真不见得。我自己虽然是做投行出身，却连 A 股账户都没有。在我看来，与其理财、炒股，不如趁年轻专注地打造自己的事业，管理好自己拥有的最宝贵也最公平的时间。所以，与其炒别人的股票，不如打造一只属于自己人生的股票。

还有人强调勤奋，认为勤奋意味着长时间地学习或工作，恨不得每天都起早贪黑。我的观点刚好相反，我更倾向于通过高效的时间管理来达到同样的效果，这才能让生活更有意义。

那么，如何做好时间管理提高效率呢？我跟大家分享两个建议。

尽量消灭碎片化时间

我年轻的时候，时间管理并没有今天这么难，可做的事情也没有现在多。与十几年前不同，今天的年轻人面临一个比较独特的挑战，就是面对的事物和信息太多了，好玩的事太多了，选择太多了，碎片化时间也太多了。

不少年轻人问过我，如何管理和利用这些碎片化时间？

我的回答是：我并不考虑如何去利用这些碎片化时间，而是建议你尽可能地消灭这些碎片化时间。

20多年前，我一边在伦敦商学院攻读业余课程，一边在普华永道上班。这两个地点一个在市中心，一个在郊区，从办公室到上课地点有三种交通方式可供选择：第一种是自驾，在不堵车的情况下需要30分钟，堵车则可能需要45分钟到60分钟；第二种是火车换地铁，火车虽然很快，但因为需要中转，全程大约需要60分钟，还不一定有座位；第三种是乘坐慢车，耗时约90分钟，但可以从始发站出发，并且肯定有座位。

如果是你，你会选择哪种交通方式？

我选择的是第三种，也就是乘坐慢车。

很多人可能不理解，为什么选了半天，反而选了一种最慢的方式呢？

原因是开车和换车会形成碎片化时间，什么事都做不了。乘坐慢车看似耗费的时间更多，却可以消灭碎片化时间，让我在路上拥有了大块的时间复习功课。我在伦敦商学院的功课就是在每次往返的慢车上完成的。

反之，如果我选择驾车，就必须全神贯注地驾驶，完全没时间做其他事；如果选择频繁换乘，虽然整体上节省了时间，却带来了碎片化时间，而我却无法有效使用这些碎片化时间。

所以，我们要想办法消灭生活中的碎片化时间，或者碎片化行为。像刷抖音、刷朋友圈等碎片化行为，都很消耗时间。如果你真想刷，那就认认真真刷一个小时，然后再去专心做其他事。

做好时间分配规划和闭环管理

创始人要管理好自己的企业，很重要的一点是要对自己的时间有科学的规划。比如，这个季度你要做什么、下半年你打算做什么，我建议你把这些计划都详细地写下来。

创始人的时间规划直接决定了企业整个团队的时间分配，创始人在什么地方花费时间多，团队也会跟着在那个地方花费更多的时间。如果创始人时间花错地方了，整个企业、整个团队都会白白浪费时间。可以说，创始人、CEO 的时间是最珍贵的。

我在百安居工作期间，我们英国的 CEO 到中国考察。他让我做了一个测试，就是在每个季度初，把未来一个季度在不同事情上愿意花费的时间比例写下来。

百安居是一家《财富》500 强企业，我当时负责中国区的业务。相比之下，这位 CEO 的管理范围更大，但我发现，他好像并没有太忙碌。他来中国考察了我一两天，就指出了我在时间管理上存在的一个重大问题：缺乏规划和闭环管理。他认为，这不仅浪费我自己的时间，还可能误导整个组织的发展方向。

我按照他的要求，开始规划自己下一个季度的时间安排。那时，我每个季度花费在门店运营、门店巡视的时间大约为 10 天；百安居属于零售企业，零售供应链很重要，我花在与供应商的沟通上一般需要 20 天。此外，团队培训与招聘需要 15 天，处理合资企业、政府关系等大概占 2 天……

全部列完后，我把这份时间规划表交给助理，由助理记录我每天在每件事上实际花费的时间。一个季度结束后，助理将记录的实际运行情况和计划执行的报告摆在我面前，结果两者大相径庭，我实际花费的时间与最初规划的时间完全不同。

这时，这位英国 CEO 告诉我，我在季度初制订的规划是理性的、正确的，但具体执行起来，就容易被日常琐事推着走，结果完全偏离了最初的时间规划。

从那时开始，我就开始培养良好的时间分配规划和闭环管理习惯。比如，我给自己规定，每个季度用于各类讲课的时间总和不超过 8 小时。有人邀请我讲课时，我的助理会先看我这个季度的讲课已用时长。如果这个季度已经超过 8 小时，那就要等下一个季度再重新安排。

同样，每个季度我也规划好要用多少时间见投资人，助理不负责决定我到哪里、去见谁，但会阶段性地提醒我。又比如，如果季度初我规划了 20 个小时要用在已投企业的投后赋能上,当时间还剩一个月,还有10小时没有用到为所投企业赋能时,助理就会提醒我,我会把剩下的10小时在一个月内用在最值得我花费时间的企业身上。

这就是时间的分配规划和闭环管理。

不管是消灭碎片化时间,还是做好时间的分配规划与闭环管理,都是创始人应该掌握的最重要的时间管理策略。时间管理比财富管理更重要,因为理财并不公平,我拿着1亿元,你拿着100万元,我们面对的信息条件也截然不同,最终你理财的结果可能是越理越少。

因此,你要找到一个与别人相同的、公平的基准点,比如时间,只要认真规划、付出努力,就可以做到与众不同。

几乎所有的创始人、CEO都非常聪明且勤奋,但有些人能够将企业提升到更高的层次,有些人则未能达到这样的高度,差别就在于他们把时间都用在了哪里,以及是否花时间去认真规划一些事情上。

我们熟知的埃隆·马斯克,以其非凡的创新能力和极致的效率管理而著称。他可以在一年之内完成别人10年的工作量,就因为他拥有让效率爆表的时间管理方法。比如,他会把自己一天的时间精细地划分为多个时间块,每个时间块都安排明确的任务和目标。通常他会把上午 9~11 点划分为产品设计时间块，专门用来构思和设计新产品。这种时间管理法，确保了他的每一分钟都可以被高效利用。对马斯克来说，高效的时间管理不仅仅是为了完成更多的任务，更是为了给生活和工作中真正重要的事情腾出时间来。如果不懂得规划和管理自己的时间，他也不可能同时做出那么多伟大的事情来。

最终决定你能否成功的关键要素，除了对时间的高效管理，还要有纪律的规划。有纪律的规划，就是你不但会规划自己的时间，还要严格按照规划执行。如果只有规划而没有纪律，那你仍然不能高效地利用时间。

当然，我们说时间管理比财富管理重要，并不是说财富管理不重要，而是说人生中有很多比管理财富更重要的事。比如，时间管理可以把你的人生拉长，让你在与别人同等长度的人生中，完成比别人多得多的事情，获得比别人更多的人生体验，甚至有机会活出两三个"人生"来。这也是我坚持进行时间管理的一个最大感悟。

领导力 > 领导权：激活内部战斗力

大家都比较熟悉《西游记》的故事。小时候，我特别喜欢神通广大的孙悟空，嫌弃唐僧太唠叨。但随着年龄的增长，尤其是当了领导后，我反而越发同情和尊重唐僧。

作为取经队伍的领导者，唐僧的团队并不是自己组建的，从孙悟空、猪八戒，到沙僧、白龙马，都是由上级指派过来的，并且还是一群犯过错误的成员。在这个团队中，孙悟空又是那个麻烦最大、最难管理的成员。观音菩萨知道他是个刺儿头，就给他套了个紧箍咒，只要孙悟空不听话，唐僧一念紧箍咒，孙悟空就会头痛得满地打滚，不得不向唐僧屈服。

你说，作为团队的领导者，唐僧在取经初期对孙悟空有领导力吗？并没有。唐僧那个时候对孙悟空的领导力完全靠念紧箍咒，所以他对孙悟空只有领导权，没有领导力。领导权不等于领导力。领导权是使他人害怕损失或抵御不了诱惑而产生的力量，而领导力则是他人心甘情愿、主动跟随，因进取、向善而产生的一种内驱力。领导力的效用要大于领导权。

现在很多企业在管理团队时，跟西天取经初期的情况很相似。企业越大、做得越好的时候，领导者的领导权就越有力量，紧箍咒也特别灵，比如年底绩效考核、股权分配、年终晋升等。如果有像孙悟空这样不听话的员工，那就给他降级、减薪乃至开除。这些行为在本质上都是在行使领导权，给员工加"紧箍咒"。

如果一个企业完全是靠这种方法管理员工的，那么这个企业的领导者就跟取经初期的唐僧一样，只会念紧箍咒，并没有形成真正的领导力。

但是，我们又发现一个现象，就是唐僧并没有一直靠念紧箍咒来管理孙悟空。随着取经之旅的推进，他逐渐不再用紧箍咒了，而孙悟空依旧忠实地跟随他。这意味着，唐僧已经对孙悟空展现出了真正的领导力。

那么，唐僧的领导力是怎么得来的呢？如果放在企业当中，领导者又该怎样建立自己的领导力呢？我认为可以从两个方面说起。

领导力来自对使命的坚持

很多人认为，使命、愿景、价值观这些东西都是虚的，没什么用。那么，对企业或组织来说，这套东西到底有没有用呢？如果有用，它们在什么时候发挥作用呢？

继续回到《西游记》的故事中，唐僧师徒来到女儿国后，女儿国国王很倾慕唐僧，希望他能留下，放弃他的使命。女儿国还为唐僧提供了丰厚的物质条件：美女、美酒、财富、权力……但是，唐僧拒绝了这一切，坚定地表示自己不要这些，他要继续前往西天取经。

唐僧的这一行为打动了孙悟空，让他意识到西天取经这件事是他们共同的使命，比任何世俗享乐都重要。西天取经途中共历经九九八十一难，几乎每一难都让唐僧面临生命威胁，最后也都是孙悟空带着两个师弟把他救出来的。但女儿国不一样，唐僧在这里面临的不是威胁，而是诱惑。孙悟空发现师父可以经受住诱惑，坚持去西天取经，看来是很靠谱的。从那以后，他开始心甘情愿地跟随唐僧，不再想着怎么逃走了。这背后支撑唐僧的，其实就是他对使命的坚守。

所以在我看来，领导力和领导权有一个很重要的临界点，即不管是创始人还是团队领导，都要看能否在诱惑和威胁下坚持自己的使命。团队里人人都在看着领导，如果领导天天嘴上说要"坚持使命，不忘初心"，却经不起考验和诱惑，团队成员一定不认可这个领导，此时领导力也一定建立不起来。

每一个行业中都有很多变动，这些变动可能是威胁，也可能是诱惑，而能不能坚持使命、言行一致，是判断领导有没有领导力的关键性标志。

领导者要有正确的价值观

我很喜欢读"四大名著"，我觉得里面有很多管理的智慧。比如《水浒传》中，晁盖管理时期的梁山就属于没有价值观的梁山。而宋江上梁山后就不一样了，他首先提出了一个使命，叫"替天行道"。虽然他也没有改变梁山的"商业模式"，大家仍然是抢钱，但他明确规定：女人的钱不能抢，僧人的钱不能抢……列出了好几类人不能抢。那抢谁的呢？抢恶霸、贪官的钱。抢完之后，还要拿出三分之一接济当地的穷人，这就属于"替天行道"的范围。

宋江的做法，就是明确了团队对外和对内的价值观，让大家知道，哪些事该做，哪些事不该做。

在今天的企业中，领导者同样要跟员工明确讲清价值观，至少应该讲清两件事：第一，公司什么钱能赚，什么钱不能赚；第二，作为创始人，你喜欢什么样的人，不喜欢什么样的人。

价值观在个人梦想与团队理想之间出现冲突时能派上用场。梦想是个人的，理想是团队的，梦想和理想没有冲突的时候，价值观不会出现。

我在加入阿里巴巴刚刚一个月时，就收到了两份开除员工报告，等着我来签字。

第一份开除报告，要开除的是山东大区的销售明星，原因是他对客户做了过度承诺，赚了不该赚的钱，按规定要被开除。因为公司的价值观就是强调"客户第一"和"诚信"，并且规定"不对客户做任何虚假承诺或过度承诺"。扪心自问，一个《财富》500强企业会因为这样一个案例开除一名优秀的员工吗？大概率不会，因为客户没有投诉，公司没有损失，甚至公司声誉都没有任何损失，不开除他也没人说什么。但是，公司仍然将他开除了。这名销售通过过度承诺完成销售业绩拿到佣金，离个人买房的梦想可能更近了，但离公司"让天下没有难做的生意"的理想却更远了。

第二份开除报告，要开除的是广东区的一个优秀销售，他的业绩当时排名全国第二，一个人一年做到了1500万元的营收，服务了100多名客户，非常厉害。当时公司有一个规定，要求销售人员每个月要对客户做一次上门回访，这名销售人员偷了一次懒，虚构了一段回访记录，好巧不巧，就被抽查出来了。于是，他因为违反公司"诚信"的价值观被开除了。换成《财富》500强外资公司，可能也不会这么严厉，但是，如果我们公司不这样做，那么"诚信"的价值观就会从小事上一点点被突破，公司就要增加很多方法和手段来防控员工。信任基础没有了，就会导致公司法规增多，流程变得复杂，效率也就会随之下降。

价值观不是挂在墙上的口号，也不是领导者挂在嘴上的口号，而是要付诸行动的。价值观不是一条高线，而是一条底线，是由领导者带领团队共同形成的，是对内对外做事的共识。领导者不仅要向团队成员传递价值观，还要在关键时刻坚守价值观，只有这样才能赢得团队的信任和支持，也才能树立起自己的领导力（见图2-2）。

当然，在企业发展的不同阶段，领导权和领导力应该保持一定的动态平衡。在初创阶段，企业规模较小，没什么"紧箍咒"可以念，给予副总裁的职位、股权奖励等可能都不具有吸引力，但这时是你领导力最强的时候。

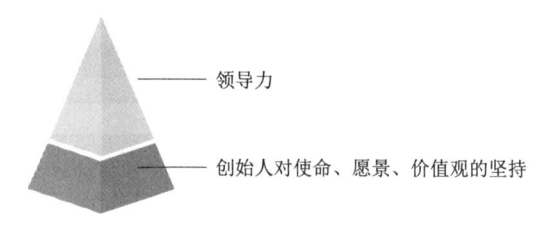

图 2-2　坚守价值观才能树立领导力

随着企业规模越来越大，领导权变得越来越强，领导力却越来越弱了。尤其是面对 90 后甚至 00 后的员工，你的"紧箍咒"就没那么灵了。这时，你就要把天然的领导力重新拾起来，将团队凝聚在一起，带领团队前进。

领导权与领导力并非相互排斥，而是相辅相成的。随着企业的发展，奖惩制度和考核机制将不可或缺。使用"紧箍咒"并非不可取，但真正优秀的领导者懂得何时停止使用，转而依靠真正的领导力来引导团队前进。

好领导的"道""理""术"

小时候我还喜欢读《三国演义》，年轻时特别崇拜诸葛亮，觉得他很了不起，在南阳的茅庐中就能定三分天下，这是没几个人能具备的战略眼光。然而年长以后再读《三国演义》总感觉不对了，诸葛亮并不能算是一个好的领导者。

为什么这么说呢？

首先，他没有进行人才梯队建设。这一点从那句流传下来的"蜀中无大将，廖化作先锋"就可以看出来。在诸葛亮之前，刘备身边可谓人才济济，有自己培养的，也有空降的，最后怎么就变成"蜀中无大将"，轮到廖化来当先锋了呢？原因就是诸葛亮不重视人才梯队建设。他虽然很早就定下了接班人姜维，却完全不看姜维到底立下了多少功劳，这在很大程度上压缩了其他团队或个人的成长空间。

其次，他不冒可控的风险。诸葛亮一生多次北伐，其间他手下的大将魏延多次请命，希望能率领五千人马出子午谷直取长安，但诸葛亮认为子午谷容易被伏击，从那里行军太冒险，他宁可带着三十万大军步步为营，用所谓"稳健"的战略来实施北伐政策。五千对三十万，1∶60 的比例，这是完全可承受的损失、可冒的风险啊！

现在很多企业的领导者也是这样，看起来很稳健，其实是过于谨慎了。相较之下，我更建议领导者勇敢地冒一些可衡量、可控的风险。

最后，诸葛亮不懂得充分授权。诸葛亮最后是累倒在工作岗位上的，病逝于五丈原，核心原因正如他的对手司马懿所指出的：诸葛亮几十万大军中，处罚 20 军棍以上的决定都要他亲自批准。这就反映出诸葛亮没有制定很好的授权机制。

这就相当于你的企业有 30 亿元的营业额，但 2 万元以上的支出你都要亲自批。每天囿于这些琐事，不仅自己累，团队也成长不起来。

管理者必须制定很好的授权机制，才能让自己聚焦大事。尤其是你想实现弯道超车的话，更要敢于冒可承受的风险。同时，无论是培养团队还是要把企业做大做强，都必须充分信任团队，并给予充分授权，这样才能从整体上提升团队效率。

我自己是 CFO 出身，也很重视风控。风控分事前、事中、事后，有些事事前不用批，但事后的审计和督查要做到位。并非所有风险都在事前防控，有些也可以在事中、事后防控，但本质上要先有一个决心，就是对团队有充分的授权。

既然诸葛亮式的领导不是好领导，那么好领导应具备哪些特性呢？我认为，一个好领导应该从"道""理""术"三个层面来定义。做好这三点，领导效率就能有效提升。

好领导的"道"

什么是"道"？我认为就是通用性最强的道理或公理，不需要再进行验证。对企业的创始人或领导者来说，"道"就是你在管理企业时必须坚持的道理，做到这些，你才算是一个好的领导者。

对于好领导的"道"，我总结了四个词、十六个字：动之以情，晓之以理，诱之以利，绳之以法。并且，这四个词的次序也不能改。

怎么理解这四个词呢？

首先，在创业最开始的阶段，你肯定要先动之以情。创业之初，很多人是跟朋友、同学甚至家人一起创业的，大家都讲感情，依靠这份感情才能组建起一个团队。

但是,创业之初光讲感情是不够的,还一定要晓之以理。这个"理"是指"理想",也就是共同的方向、目标。即使团队成员互相信任,也需要有明确的目标和蓝图,否则没人愿意追随你。这就像你计划与朋友一起去未曾涉足的地方旅行,虽然双方都没去过,但通过你的描述朋友得知那里风景很迷人,从而决定与你一同前往。对创始人而言,你所描述的愿景往往尚未实现,但你必须能够描绘出未来的蓝图,才能吸引别人加入。

当带领团队真的走上了那条理想中的未来之路后,领头人还要学会诱之以利。员工是为自己的梦想奋斗的,梦想和理想一致,利益就是他们跟你一起奋斗的原因之一。如果希望他们继续追随你,一起把企业做好,你就要许之以利益,比如承诺企业达到特定规模之后,团队成员将获得哪些收益和个人成就等。

但是,梦想和理想在利益之下会发生冲突,员工也可能出现越界情况,比如在利益的驱使下,做出违背企业价值观的事情,这时就需要创始人用企业价值观明确告诉员工,哪些事能做,哪些事不能做。如果员工执意为之,就要实施相应的"绳之以法"的手段。

为什么以上四个词的次序不能错呢?

在企业初创阶段,如果你首先"诱之以利",引来的一定是图利之徒;如果一开始就说要"绳之以法",那只会让员工生活在恐惧中，不可能愿意陪你创业。此时，你的领导力很重要，依靠的应该是情感和愿景。但是，如果你先"晓之以理"，给员工讲大道理，又容易让他们认为你是在说空话，所以"晓之以理"一定要在"动之以情"后面。

创始人与团队要持续地"动之以情"，用情感增加团队的凝聚力；之后再持续地"晓之以理"，大家才能相信你可以带着他们一起奔向更好的未来。

随着企业的发展壮大和团队成员的增加，单纯地用情感和愿景去吸引员工已经不够了，此时再"诱之以利"，让他们看到跟你一起奋斗所能得到的利益和好处，才能持续地激发他们的动力。而一旦员工有越界行为，为了整个团队的利益，就不能姑息，必须做到"绳之以法"，以儆效尤，更好地维护企业的使命、愿景和价值观。

从领导力和领导权的角度来说，动之以情、晓之以理是领导力，而诱之以利、绳之以法则是领导权。

好领导的"理"

在我看来，好领导的"理"应该是"己所不欲，勿施于人"，己所欲，多施于人。这个道理是怎么悟出来的呢？

我把入职场以来，从自己的十几个领导做对的事情中梳理出来的"理"分享出来。它们可以概括为四大原则，这四大原则的次序同样不能错。

1. 能够解决下级无法解决的问题

大部分的企业创始人一开始都具备这个能力，比如一些偏销售型的企业，销售总监拿不下的单子，创始人去了，可能很快就能拿下；再比如一些技术型企业，技术总监开发产品时遇到困难，创始人亲自上来找问题、写代码，最后多半能成功完成。

这就是一个好领导的标志之始，你能让团队因此更加信服你、敬佩你，你也能更好地领导团队。

2. 能够教会下级掌握解决问题的能力

如果领导者一直停留在第一个层面，企业可能就会沦为个体户了，因为你不是在带着团队干活，而是在带着一群助理干活，你的团队也永远无法成长。

一个好的领导者，不仅要能够自己解决问题，还要教会下级解决问题，掌握解决问题的能力。客户怎么拿下？好代码怎么写？你不是在下级面前炫耀，而是在授人以鱼的同时授人以渔。

3. 能够承担下级无法承担的责任

团队成员最怕领导"甩锅"。明明是领导的决策出了问题，最后错误却都归到团队成员头上，试想一下，以后谁还愿意跟着你干？

领导应该敢于当"背锅侠"，你是领导，你怕什么？我在创立嘉御资本之前有过好几个领导，有一个领导是我非常服气的。每次我犯了错，在面对总裁、董事长时，他总是能站出来说："小卫做的这件事我事先知道，是我支持他做的。"我一开始不理解，就私下问他："我并没有跟你说过这件事，为什么你说知道呢？"他说："确实没说过，不过你做了就当说过了。"这就相当于他帮我"背锅"了，我也因此更加敬服他，更愿意听从他的领导。

4. 能够想到下级无法想到的激励

一个团队一年完成了多少任务，年终奖大概在什么范围，大家基本是知道的，因为企业的激励制度是公开的。但是我遇到的好领导在激励我的时候，无论是在职务上还是在奖金上，都能比我的期待早一点、多一点，比如职务提升比我期待的要快一些，发的奖金比我预想的要多一些。

通常来说，在企业初创阶段，团队人员比较少，你要努力做好前两件事，尽快培养出一个强大的团队；到了发展阶段，你就要多考虑做好后两件事，增强团队凝聚力。当然，如果你把这四件事一起做就更好了，你的团队效率肯定会更强。

好领导的"术"

我从业二三十年，团队对我的管理风格和方式也一直有批评，而好领导之"术"就是我通过试错总结出来的。

好领导的"术"也分为四个方面。

1. 跨级了解情况，逐级布置任务

在很多初创企业，创始人在管理时习惯跨级了解情况、跨级布置任务。初创阶段这么做没有错，但企业发展到有两级或两级以上组织架构的阶段，这种做法就是错误的了。

什么是跨级呢？就是你明明有副总裁、总监，却偏偏亲自跑到一线去办公、去拍板做决策。这样做的最大弊端就是架空了团队中层，导致团队整体指挥路径不畅。原本已经制定好的决策，你一到现场后全改了，你的下级还怎么工作？

还有一种情况，就是逐级了解情况，逐级布置任务。我有一段时间也犯过这个错误，尤其是在跨国公司工作期间，我天天在会议室里听下面的人一层层给我汇报，不停地讲PPT（演示文

稿），然后又逐级把任务布置下去。这样虽然不会出大错，但也成不了什么大事。

最可怕的是第三种情况，就是逐级了解情况，跨级布置任务。很多民营企业老板和初创企业的创始人都习惯这样做，逐级了解情况后，就开始直接打电话遥控指挥。殊不知，你了解的情况很可能不够完整，所以跨级指挥更容易出错。

合理的领导之"术"应该是坚持跨级了解情况，但布置任务时要通过下级进行。你可以看客户每天的投诉板，但你千万不要直接去回复客户投诉板，因为你中间有客服经理；你也可以亲自了解产品出现的问题，但不要亲自指挥一个产品经理怎么改，因为你中间还有产品总监。

坚持跨级了解情况，在具体执行时，要通过向你直接汇报的下级领导来解决，逐级传递，否则你的中下级永远不知道哪里出了问题，也不知道自己到底该听谁的，是直接听上级的，还是听一把手的。

2. 开会最后一个发言，并且至少表扬一次

在开会时，好的领导会听完员工的声音后再发言，即先了解情况再发表意见，这个次序不能变。因为这样可以在完整地了解信息后，再帮助员工避免错误；否则情况不了解，你一开始就发

言,一旦说错了,下面的员工就会提出异议和修正,导致会议效果很差。

为什么领导在开会时还要表扬员工呢?员工都是趋利避害的,领导表扬的事,他们一定会多做、主动做,把时间和精力花在领导认为对的事情上;反之,如果你一直批评员工,整个团队都听不到正确的信号,不知道哪些事是领导认可的、是应该坚持做的,员工就会感到很迷茫。在管理中,正向肯定比一直负面否定更有效率。

3. 领导不要同时成为唯一的问题发现者和解决者

如果领导发现了问题,应该尽可能地让团队成为问题的解决者,而不是领导亲自解决。如果团队实在解决不了,你再出面解决也不迟。这样既能锻炼团队解决问题的能力,又能增强你的领导力。

最危险的情况就是,企业里所有的问题都由领导来发现和解决;最理想的情况则是,团队中不同成员都能发现并解决不同的问题,这样团队才能持续成长,领导的压力也才能减小。

4. 会提问比会给答案更重要

领导发现问题后,即使心里有了答案,也必须忍住不说,而是通过提问，让团队成员意识到问题，并且自行寻找答案。

为什么要这样？

如果领导直接给出答案，团队成员可能会质疑这个答案的正确性，在执行时也容易有偏差。如果最终失败了，他在心中还会把责任推给领导，认为是领导的无能才导致失败。反之，如果是团队成员自己寻找答案，找到后他就会很有成就感，执行起来也更坚决。哪怕最后失败了，他也可以从中吸取教训，获得成长。

总而言之，一名优秀的领导者，既要懂得运用"道"来提升团队凝聚力，又要懂得运用"理"来为团队做好榜样，更要懂得运用"术"来纠正自己的错误。能达到以上三重境界，你想不成为好领导都难。

03

组织效率：
将最高级别的注意力放在"人"上

组织提效三步法

不同行业、不同企业在不同的发展阶段，战略方法也不同，但任何行业中的任何企业，在任何发展阶段，真正不变的都是组织的高效建设。很多企业都在讲效率提升，其实它们忽略了一个核心问题：效率提升并非依赖于人力资源的数量优化，而是深深根植于一个精心构建的组织体系中。高效的组织体系对任何企业而言都至关重要，出现效率问题的企业，往往是因为没有建立起一个高效的组织。

打造组织就像盖房子一样，核心是把根基打好。一个高效组织的根基应该包括三个核心要素，即招聘、培训和考核（见图3-1）。我在多年管理企业的实践中，对这三个要素投入的时间和精力要远超常规预期，它们几乎占据了我每年三分之一的工作时间。

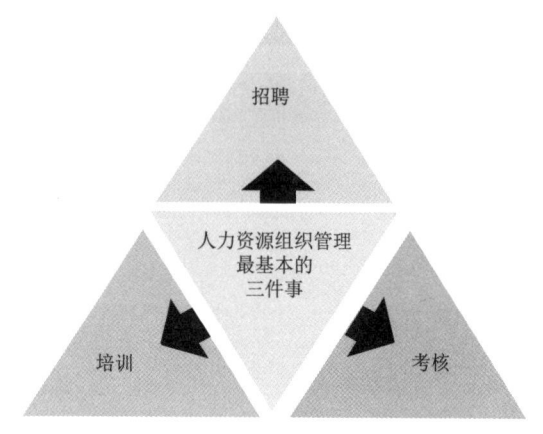

图 3-1　高效组织的三个核心要素

有人可能不理解："如此高的时间投入,你还有精力管理业务吗?"

其实,当组织根基稳固后,业务管理反而变得很轻松。不少管理者忽视了这三个环节,殊不知这才是导致组织低效的源头——人才错配,培训不足,考核失效,三者交织成恶性循环,必将导致基层问题频发,高层疲于救火,最终整个组织陷入低效旋涡。因此,重视并高效组织这些关键环节,才是打破恶性循环、提升组织效能的关键。

接下来,我就分别讲一讲这三个核心要素是如何影响甚至决定组织效率的。

招聘是建立高效组织的源头

企业招聘就像组建军队时的招兵，源头最重要，很多企业的组织问题都出在源头上。比如，互联网行业中有两个团队的人员流失率是比较高的，一个是技术工程师团队，一个是销售团队。如果一家公司这两个团队每个月的流失率超过10%，一年下来整个团队的流失率就可能超过100%了。这也就意味着，今年建好的团队，明年就全换完了。

员工的流动和流失是造成组织效率低的核心原因。人才流失后，企业需要重新招人、重新培训，培训上岗后还不一定能马上产出，企业因此就可能错失很多机会，流失很多客户。从这个结果来看，员工流失率高的企业，效率肯定出问题。

为了解决这个问题，有的公司采取的措施就是把员工流失率直接作为每一级干部的考核指标，严防死守，但最后发现还不如不考核这个指标，因为考核结果往往南辕北辙：该走的没有走，该留的也没留下，完全达不到想要的效果。

员工流失率只是一个结果，用结果下的一个KPI去考核干部完全没有意义。因为员工流失率高的最大问题不是出在流失环节，而是出在招聘源头，即大概率是招聘时就招错了人。

要改变这一状况，企业就要溯本求源，确保源头不出错。在招聘阶段有以下几件事我们可以马上改、马上做。

1. 不要轻易下放招聘权

企业初创时期，班底成员几乎都是由创始人招聘的，但很多企业在员工到了几十人、上百人后，创始人便不再负责面试和招聘，招聘权完全下放给人力资源部门，或者由每个层级主管招聘自己的下一级。这种招聘权下放的直接后果，就是招进来的人不见得是企业真正需要的人。有的企业对招聘的轻视和草率更是令人瞠目结舌——上午刚入职的员工，下午就代表公司去面试新人了。这种招聘方式就像是在拉壮丁。新入职的人还不完全了解企业，对企业的战略规划、组织模式、文化、价值观等都很陌生，因此这种方式很难招到企业真正需要的人才，甚至还可能按照他上一家公司的标准招人。这样招进来的人不仅不适合，还可能导致企业原来的用人标准被改变，企业文化会被快速稀释。

所以，不论企业大小，都不要轻易下放招聘权，尤其是新入职的干部，更不能马上再去招聘新人。

我刚加入阿里巴巴时，首席人力资源官告诉我，我不能自己招人。我当时很吃惊：难道CEO不能自己招人吗？毕竟我之前在百安居管理着上万人，还招聘了很多人，怎么到只有几千人的阿里巴巴后,反倒不能自己招人了?

首席人力资源官进一步跟我解释说:"因为你还不会按照我们的标准招人,或者说按照阿里巴巴的标准招人。"

我意识到她说的是对的。当时我只知道用百安居和上一个行业的标准招人,阿里巴巴以什么样的标准招人,我确实不知道。

于是,首席人力资源官安排我先观摩了三次,看看阿里巴巴是如何招人的,并要求我看完后分享心得体会。之后,他们还会再观摩我三次面试人的状况。经过一个多月的学习和观察,我了解和掌握了阿里巴巴的招人标准后才可以独立招人。

这跟很多企业的做法刚好相反。一些企业来了新高管后,不少一把手在财权上锱铢必较,但在招聘方面却慷慨大方——立刻把招人权限下放给新高管。而新任的高管在尚未详细了解企业的情况下就去招人,能不出错吗?

不轻易下放招聘权还意味着,企业招聘时至少要跨两级招聘。所谓跨两级,就是在汇报链上向下延伸两个层级,创始人不仅要面试直接向你汇报的员工,还要面试那些向你的直接下属汇报的员工。不仅是创始人,企业所有的招聘都必须跨两级,有些企业在特殊时期甚至对销售团队要求跨四级招人。比如,销售团队某大区的架构是：大区总经理—某城市经理—某城市主管—主管下的销售。跨四级招聘意味着，该大区的每一名销售人员都要大区总经理亲自面试。

这种做法看似费时费力，却能极大地减少因招聘不当导致的组织效率低下问题。因为一旦选错人，组织就不得不投入更多的资源来弥补错误，甚至使整个组织都陷入恶性循环。从长远来看，不让新人招新人，并做到至少跨两级招聘，才是招聘环节构建高效组织的有效方式。

2. 关注应聘者专业能力以外的"味道"

很多企业在招聘时，都会先建立一个招聘业务能力模型，比如招聘一名销售总监，首先要描述出这个职位的能力模型，认为只要遵照这个模型，就能招到合适的人才。

其实这是不够的，还缺什么呢？缺少对候选人能力以外的"味道"的关注。

每个企业都有属于自己的"味道"，或者说有一种属于自己的文化。比如，迪卡侬招聘时会要求应聘者至少有一项自己热爱或擅长的体育运动；老板电器要求每个人都要会做菜；泡泡玛特招的全是自己潮玩的"粉丝"；谷歌在招聘工程师时，考官会自问愿不愿意跟应聘者去旅行，如果考官们都不愿意和某位应聘者去旅行，就不会招这个人，因为考官认为他跟谷歌的"味道"不匹配。这些都是属于企业特有的"味道"。

企业在招聘时，要找那些与本企业"味道"相匹配的人。比如，很多企业要求销售岗位的员工能吃苦耐劳，那就要设计一些问题，了解应聘者除了专业能力，到底能不能吃苦、能不能吃亏。

记得之前我面试销售岗位人员时，一个应聘者说自己吃过最大的苦，就是在没有高铁和动车的前提下，乘坐绿皮火车从上海站到了无锡。整个旅程两个多小时，他一直站在闷热的车厢里受着煎熬。听完这段经历，我们就有了自己的衡量标准：这个人干不了销售，因为干销售可比这苦多了。

这就是专业能力以外的因素。企业在招聘时，多关注几条应聘者能力以外的因素，考察一下应聘者具不具备自己企业所要的"味道"，这一点很重要。

3. 做好人才"地级差"

我平时经常跟一些企业老板打交道，他们总让我推荐企业精英或高手，我多数都会拒绝。一方面我觉得他们的企业规模还不足以吸引精英和高手；另一方面我希望他们明白一点：平凡的人也可以做出非凡的事情。

那么，怎样才能让平凡的人做出非凡的事情呢？

在招聘环节，一个有效的方法就是形成人才"地级差"，即不要局限在相近的薪资范围内寻找人才，要创造可能，使"基层升两级，高层降两级"。

举例来说，如果一个基层岗位你愿意付1万元的薪资，那千万不要招月收入已经达到8000元的人，而是从月收入四五千元的人中去招。因为在前一个岗位中月收入8000元的人，会觉得来你这里挣1万元是理所应当的；而月收入四五千元的人来了后，会认为是你的企业成就了他，让他的月收入翻了一番，相当于升了两级。

你要相信，一定有些人才是被埋没的；在月收入四五千元的人当中，也一定有努力以后可以实现月收入一两万元的有潜力的人存在。人力资源的任务就是挖掘出这些人，为自己的企业所用。虽然工作量可能增加了10倍，但这样的人更有持续的潜力和干劲，也更有可能做出非凡的成绩。

同样，你如果要引入一个高手或精英，就要试着给他降两级待遇，看他是否愿意来。我曾经加入一家企业担任CEO，在此之前，我的基本工资是每年百万美元，而加入这家企业时，工资加奖金只有百万元。相比之下，我的收入大幅下降，甚至是"骨折级"

下降。那我为什么仍然愿意加入这家企业，从事薪资待遇"打骨折"般的工作呢？因为我看好它的前景，想与志同道合的人共创一个更好的未来。为了这个目标，就算牺牲一点短期利益，我也是愿意的。

所以，当所谓的"大咖""高手""精英"表示愿意加入你的企业时，你不妨用"名利"二字考验一下，让他的职务听上去不那么光鲜，将他的待遇降两级。很多人嘴上说看好你企业的未来发展前景，愿意接受股份，但又不愿意降低基本待遇、牺牲短期收入，这说明他根本不是真的看好你的企业，这样的人不来也罢。反之，一个人愿意放弃他的金色降落伞来你这里任职，说明他才是你的企业真正需要的人才。同样，太在乎职务头衔、太重名的人也不可取。

培训是演习，不是演戏

企业中的每个人是不是都需要培训，才能提升组织的整体效能呢？我相信不少人都认为需要，但我要告诉你的是：人人都培训，就等于没有培训，因为这样的培训缺乏重点。

企业想要实现有效培训，我认为有三个问题需要重点关注。

1. 培训的核心是抓"两新"

从本质上说,培训要从源头抓起,这个源头就是"两新"——新人和新干部。新人培训的重要性不言而喻,而新干部培训也很重要。

企业的新干部主要有两类:一类是外来的新干部、"空降兵",这是培训的重中之重;另一类是由企业内部员工晋升的干部,我们称其为 M1,这类干部也要做好培训(见图 3-2)。当你把 M1 培训扎实了,M1 到 M2 就变得容易得多,甚至 M2 到 M3、M3 到 M4……都不用再培训了。但一个员工要成为优秀的 M1 并不容易,这就像一个人要保持身体健康,必须努力让身体内的每个细胞都健康。企业也一样,企业里的最小作战单位是健康的,企业才不会有太大问题。

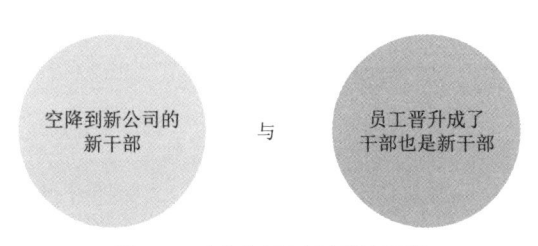

图 3-2 企业的新干部主要有两类

2. 让最好的业务骨干担任教官

每个企业都有自己的业务骨干,一些企业习惯把这些业务骨干放在一线抓业务、创效益,让二流干部来当教官,培训新员工。殊不知,二流干部带出的团队可能连三流都不如。这样培训出来的干部再去搞管理,怎么能管好员工、管好企业呢?

很多人都听说过,在阿里巴巴的成长史中,有一支威名赫赫的 B2B(企业间的电子商务)销售团队——中供铁军,但可能很少有人知道,中供铁军永远都是把第一线中最好的业务骨干调回总部担任教官,让他们培养更多优秀的业务员。比如中供铁军前主帅俞朝翎,在担任浙江大区总经理时,带领团队贡献了当时整个阿里巴巴 B2B 业务近 40% 的销售收入。

在多数企业看来,这么厉害的人肯定要留在一线,带领团队做业务,为企业创造更多业绩。可是阿里巴巴却坚定不移地将俞朝翎调回总部,让他来执行阿里巴巴"百年大计"的培训计划,最终成功打造出了一支当时最剽悍、最具战斗力的销售队伍。

所以,你要舍得让最好的业务骨干担任培训教官,而不是只让他们待在一线。

3. 把培训当实战,甚至在难度和强度上还要超越实战

现在不少企业在培训新人、新干部时,经常一起搞团建、露营、破冰,一起上大课。这很容易给新人造成一种错觉:原来工作也不过如此嘛!结果培训完后正式上岗,发现实际工作远比培

训时艰难得多，工作根本没办法开展。

如果说招聘是招兵，那么培训就是演习。演习不能像演戏，培训也不能变成团建。真正有效果的培训应该是难度贴近实战，强度超越实战。

互联网公司的新工程师在培训期间都要经历"88小时魔鬼训练"。其间，他们的任务就是不断写代码、改代码、找漏洞。计算机旁边支着行军床，累了困了，躺下稍微休息几个小时，起来继续干。

为什么培训要这么严苛？因为实战比这更严苛。每年的"双十一"电商节、各种促销节等，员工的工作强度都非常大，而"88小时魔鬼训练"就是为了顶住各种电商节、促销节的压力，培训难度和强度自然比最高峰时的连续48~72小时不眠不休还要大。

销售培训也一样。正常的销售是早晨7点半晨会，8点外出；晚上7点半回来，8点总结会。新入职的销售人员培训时，就要早晨6点起床，6点半晨会，7点半外出；晚上8点半回来，9点总结会，10点休息。两三个月的高强度培训，每天应对和处理的全是面对真实客户时遇到的最有挑战性、最尖锐的问题。这就是难度、强度都贴近甚至超越实战的培训。

新员工上岗后,如果发现工作没那么难、那么累,说明你的培训就做对了;相反,员工培训时很开心、很轻松,一上岗发现又难又累,根本坚持不下来,那说明你的培训就是错的、无效的。

没有考核的管理,如同没有考试的学习

考核并不是为了淘汰或惩罚,而是为了组织效率的提升。在考核过程中,企业可以及时发现员工的问题,并督促员工改进、解决问题;同时,通过考核还能及时调整企业的发展节奏与步伐,促使企业完成甚至超额完成全年业绩。

但是,想要做好考核,企业也需要做好四件事,或者说解决下面四个问题。

1. 考核频率

考核频率至关重要,如果一个企业一年才考核一次,那就失去了考核的意义。一个高效的组织一定意味着高频率的考核,但具体到不同行业和企业的发展阶段,又要根据自身情况进行调整,并没有标准答案。

当然,在一个企业内部,发展越快的部门,考核的频率也应

该越高。比如，人力资源和财务等部门，基本一年考核两次就够了，而一线业务部门一年可能要考核四次甚至更多。通过这种高频率的考核，企业可以迅速选拔出优秀的干部，淘汰不够优秀的人，从而有效提升组织效率。

2. 考官是谁

这个问题没有标准答案，但有一个标准的错误答案，即一对一考核最没有效果。

我给大家推荐一种通用电气当年的考核方式——One over One Plus HR，也叫"三对一考核制"。它的意思是说，考官由员工的直属上级、直属上级的领导，以及人力资源部门的人员共同组成。比如你是一个部门经理，那你的直属上级是总监，总监的上一级领导是副总，那么你在接受考核时，就要由总监、副总和人力资源部门的相关人员共同参与，形成三对一考核。

有的公司不一定加上人力资源部门，但 One over One，也就是你的上一级和上两级一起来考核你是非常重要的。这样既避免了传统的 One to One（一对一）考核的暗箱操作，还能提前发现人才，并且可以间接考核中间的干部。有些干部出于私心，想把好苗子攥在自己手里，或者担心下属超过自己，结果导致人才被埋没，这一考核方式就有效避免了以上问题的出现。

3. 考核内容

考核不就是考业绩吗？除了业绩，还有什么可考的？如果一个企业考核时只考业绩，那么考核的意义就失去了一大半。

我经常和一些企业创始人交流，并且询问他们，过去一年他们对自己的公司是否满意？即使是业绩不错的公司，我听到的答案也经常是"不满意"，不满意的地方主要有三点：

- 公司业绩不错，但团队没有太多成长和进步；
- 公司收入和利润都已达标，但想转型的新策略却没有起色；
- 公司的风气不如以前好了。

很显然，以上三点"不满意"都与业绩无关，它们对应的其实是非业绩因素考核的三大要素：团队、策略和价值观。

大部分的企业管理者都不是唯业绩论，除了业绩，他们知道团队、策略和价值观也很重要。要考核这三大要素，企业考核可以相应地设立团队分、策略分和价值观分。

团队分是用来考核团队成员的成长和发展的，不同企业设置的方法不一样，比如有的企业团队分设置得非常简单，就是看你能否向团队以外输出干部。能输出干部，说明你的团队很厉害；不但输出了干部，业绩还不降，团队分就可以增加。

假如A、B两个大区都做出了1亿元的销售额，但A大区为公司贡献了三个区域经理，B大区一个也没有贡献，甚至年底时还弄丢了两个。区域经理在业绩相同的情况下，该如何考核？

阿里巴巴以前的考核方式是业绩因素和非业绩因素各占50%。公司的奖金池由业绩决定，非业绩因素则是调整系数。A、B两个大区的奖金池是一样的，但A大区输出了三个干部，可能奖金系数就是乘1.3；B大区丢了两个干部，奖金系数就要乘0.8。

这就是打团队分，基于非业绩因素对考核结果进行了调整。

策略分也一样，目的是既要达到业绩目标，又要实现策略转型。

比如，企业年初制定的策略是要转型，即从依赖大客户转型到发展中小企业客户。A、B两个大区年底都实现了1亿元的业绩目标，但A大区还坚定不移地把中小客户比例从10%提升到了40%，而B大区的中小客户比例还是年初的10%，业务主要依赖大客户。

两个大区的奖金池仍然相同，但策略因素却设有不同比例。A、B两个大区都完成了业绩，奖金池里都有100万元。但是B大区的非业绩分被扣光了，100万元乘0.5，变成了50万元；A大区的非业绩分拿足了，100万元乘1.5变成了150万元。

所以，千万不要小瞧这个调节系数，同样的业绩，非业绩调整系数会让结果差好几倍，这就促使所有人开始关心非业绩因素的考核。当然，前提是业绩因素决定奖金池，没有业绩，任何系数都没有意义。

还有一个是价值观分。比如你的企业价值观是"客户第一"，那要如何量化"客户第一"这个价值观呢？

举个例子，两个团队都做了1000万元的业绩，一个团队客户断约率很高，是靠新客户补进来的；另一个团队客户续约率达到90%。哪个团队应该加分，哪个团队应该减分呢？这就要从价值观方面进行打分。

打团队分也是如此，为其他团队积极做贡献，且不影响自身业绩者，就可以加分；反之，业绩不错，但明显不能和其他团队合作就要减分。

4. 考核结果

考核必然有淘汰和晋级两种结果，至于如何淘汰、如何晋级，不同企业有不同的做法。比如，通用电气发明了"271"末位淘汰制。其中，"2"是团队中表现最好的20%，"7"是占据团队大多数的70%，"1"则是团队中排在末尾的10%。如果连续两个考核周期都排在末尾的10%，就会被降职或淘汰；如果连续两个考核周期都能进入前20%，就可以获得晋升。

"271"末位淘汰制的效果非常强大，但它是一剂猛药，很多企业扛不住。有些制度的实施是有次序的，前面的路没铺好，后面就无法展开。比如考核频率、考官体系、考核内容等没设定好，就不能轻易尝试"271"末位淘汰制，否则不但不能提效，还可能给组织带来更多的负面影响。

以上是我总结的打造高效组织的三个核心要素，从这三个核心要素入手，企业才能找到和培养出合适的人才，建立起成熟、先进、高效的组织架构，并在正确的企业价值观引导下科学运营。

高效组织建设的成果：源源不断"出干部"

2009年全球金融危机期间，我曾经参访多家美国大企业。在这个过程中，我问了一些企业一个相同的问题："你们最大的竞争对手是谁？"有的说自己的对手是竞品，有的说是自己上一代的产品，但我认为谷歌的答案最好。谷歌认为，自己最大的竞争对手是NASA（美国国家航空航天局）。

为什么？因为NASA会抢走谷歌的人才。谷歌的理念是聚集全世界最聪明的人，做了不起的事，如果脸书（后更名为Meta）等企业与谷歌抢人，还称得上打得不相上下，但如果是NASA来抢人，谷歌几乎没有招架之力。所以谷歌认为，谁跟我抢人才，并且还很难对付，谁就是我最头疼的对手。

这次参访让我意识到，企业必须能够源源不断地生产人才，并且是生产干部级别的优秀人才。企业拥有的优秀人才越多，竞争力就越强，也能走得越远。

上一节中提到的组织提效三步法，就是企业培养人才、建设高效组织的有效方法。而检验组织建设成果的一个最关键指标，就是看组织能否源源不断地"生产"优质人才，尤其是"生产"优质干部。

优质干部从哪里来

优质干部并非从天而降，一名员工成为企业中的干部是有章可循的。简单来说，干部的来源主要有三种途径。

1. 内部培养

企业中有些岗位的干部是要坚定不移地自己培养的，我们可以分别从横坐标和纵坐标两个角度来看。

横坐标是指级别。每个企业的 M1，不管是叫主管级还是经理级，就是普通员工上一级的干部，这个级别的干部不对外招聘，而是全部通过内部培训来填补。

很多企业想培养干部，想把自己打造成某某行业的"黄埔军校"。其实，真正的黄埔军校并不直接培养将军，从黄埔军校毕业的可能只是班长和排长。同样，企业里的"黄埔军校"就是培养 M1，把 M1 培养出来，凭实战走到 M6，才能成为将军。如果你的企业连班长、排长都培养不出来,就别说自己能培养师长、军长了。守好横坐标,有了足够的 M1,甚至可以不用再外招 M2 级别的干部了。

纵坐标就是岗位。针对某些特别岗位,比如销售体系、客服体系、网站运营体系等,在达到一定规模后,可以实现全方位内部循环培养。比如,这个岗位在企业里的人才储备量不错,或者这一类岗位的外招员工跟企业不太适应,就可以在纵坐标上标注出来,这个岗位不外招。

2. 外部引进

对于一些专业性极强的岗位,比如法律总监、财务总监等,如果仅依靠内部培养很难达到要求,那么就需要坚定不移地从外部引进。

比如,你要将一名财经类大学的本科生培养成自己公司的 CFO,或者把一个法律系的毕业生培养成法律咨询公司的法律顾问,这个任务就太难了,耗时极长。因为这类专业人才都要经历社会和其他岗位的实践和锻炼才有可能胜任。在这种情况下,直接从外部引进是更为现实的选择。

3. 阶段性外部引进,最终内部培养

这种培养干部的方式最难,主要针对一些新兴领域的岗位。阶

段性最多为三年时间,在这段时间内,要实现人才的自主培养。

比如,当年阿里巴巴发展云计算业务时,内部只有两三个人懂云计算是怎么回事,根本没办法自己培养人才。于是,阿里巴巴就通过"2+1"模式,从微软、IBM等引入了在云计算方面具有丰富经验的人,同时马上让管培生、年轻的工程师跟着他们学习。三年以后,自己的团队组建起来,也就基本不再引进了。今天的阿里云,不管是干部还是一线工程师,全是自己培养的。外部引进的干部是种子,必须同步带新人,企业不能长期依赖外来的"雇佣军"。

高效组织建设的成果,就是看组织能不能高效地培养出干部,能不能成功高效地输送干部,并且绝大部分干部要靠自己培养,这样才能确保整个组织的效率不断提升。

这里有个问题,就是不管是内部培养还是外部引进,是不是每个干部都能胜任自己的岗位呢?

干部的三种状态

很多企业在定全年人员编制时,只要人力资源预算一经批准,就直接按编制启动招聘了。这种方式是不行的。干部不仅需要培养,更需要管理,企业要真正提拔有能力的干部,才能带动整个组织效率的提升。

企业要任命干部,首先要对每个岗位进行分类,并对在岗干部进行标注:这个岗位的干部来源到底是哪一类,是内部培养还是外部引进,抑或是阶段性外部引进,最终自己培养?同时,还要对在岗的干部定期进行称职与否的标注,了解干部状态。

这种方式类似交通信号灯的管理:绿灯表示胜任;黄灯表示合格,但还有改进空间;红灯表示不胜任。对于不同标注的干部,也要采取相应的管理措施(见图3-3)。

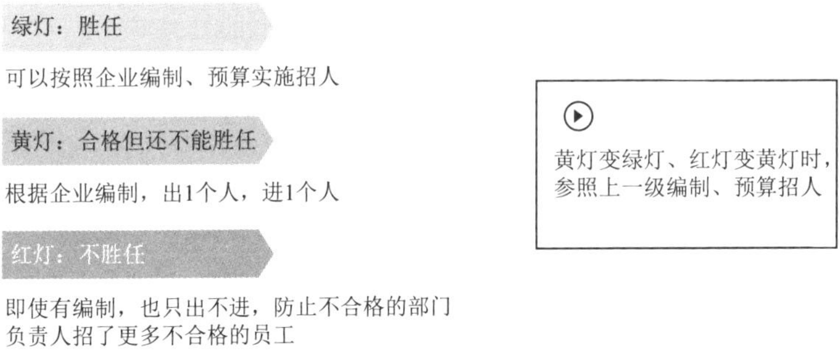

绿灯:胜任
可以按照企业编制、预算实施招人

黄灯:合格但还不能胜任
根据企业编制,出1个人,进1个人

红灯:不胜任
即使有编制,也只出不进,防止不合格的部门负责人招了更多不合格的员工

▶ 黄灯变绿灯、红灯变黄灯时,参照上一级编制、预算招人

图3-3 三种干部状态

如果处于绿灯状态,说明他可以胜任自己的岗位,也就可以允许他按照年初制定的编制、预算正常招人,扩大自己的团队。

如果处于黄灯状态,虽然不是特别理想,但也算合格,这时就应实行编制"冻结"政策,必须"出一个进一个"。简单来说，就是给你调整团队的权力，但团队总人数不能增加。因为"黄灯"有可能不是干部的问题，而是整个团队需要调整，这时就要给干部调整团队的机会，而不是盲目增加人数。

如果处于红灯状态，那对不起，你的团队人员只能出不能进，团队可能还要缩减。而且"红灯"干部在转"绿灯"前，不允许起用编制，就算是预算中有编制名额也不行。这一点不难理解。我们常说"兵熊熊一个，将熊熊一窝"，如果干部（将领）不合格，整个团队（士兵）的表现都会受影响。如果一个干部的表现不佳，被标记为"红灯"，他招进来的人也可能存在问题。万一某天这个干部被换掉了，新来的干部对前任招聘的人不满意，再次"换血"，就会进一步降低组织效率。

很多企业出问题，都是出在没有严格执行干部的"红绿灯"标准上，而这套系统会确保优势资源向优势人群倾斜，干部不合格就不允许扩大队伍，以免进一步影响团队质量和组织效率。

当然，企业也需要持续关注干部的胜任情况，通过这种方式，了解优质干部的潜在缺口，动态"生产"所需的干部。

像生产产品一样，有计划地"生产"干部

即使是优秀的员工，也不见得天然就懂得如何成为优秀的干

部。比如，优秀的销售不一定能成为称职的销售主管，优秀的工程师也不一定能成为称职的工程师主管。

一个优秀的组织，必须具备培养优质干部的能力。许多企业声称正在培养干部，但在实际操作中往往缺乏具体的计划。正如生产产品需要排产计划一样，培养干部也需要一个明确的计划，并闭环检验"生产"干部的数量和质量。

如何有计划地培养干部呢？

1. 量化"生产"目标

培养干部，首先要明确干部培养的数量目标。比如，每年要培养100名M1级别的干部、200名店长，或者要清晰了解有多少"红灯"状态的干部缺口。这就是量化目标，并且企业一定要按照这个目标进行"生产"。

不仅如此，团队中的每一级干部还要承担培养干部的任务，因为培养干部不是企业创始人一个人的责任，每一级干部都应该肩负起培养人才的责任，并将其作为非业绩考核中团队分的一部分，只有这样才能真正实现批量"生产"优质干部的目标。

2. "生产"M1干部

根据全球人力资源调研，企业员工离职最大的原因就是对自己的直接主管不满意。公司最大的直接主管是谁呢？就是M1。虽然各个企业对M1的叫法不同，有的叫主管，有的叫经理，但本质上都是直接管理一线员工的最基层的干部。

在企业当中，M1级别的干部都是自己培养、自己"生产"的，那如何培养呢？

企业中优秀的员工，不一定都能成为优秀的干部。要成为优秀的干部，就要先弄清哪些是员工不需要做而干部必须做的，比如开会、招聘、考核、与员工谈话等。而很多优秀员工在成为M1后，却不知道如何开会、如何跟员工沟通，这就很难成为优秀的干部。

阿里巴巴在培养M1时，列出了做好M1的"开门7件事"，包括开会、招聘、分配任务，以及对员工进行一些基础培训等。培养M1的最佳方法并不是将M1集中起来进行培训，而是以在岗培训的方式来挖掘潜在的M1。比如，让一些优秀员工代理组长、经理等，召集一次周会或月会，并且用"我做你看，我说你听；你做我看，你说我听"这16个字来实现。

以开会为例，优秀的M1应该开示范性会议给优秀员工中潜在的M1看，然后讲解为什么要这样开会，这就是"我做你看，我说你听"。之后，再试着让这些员工组织一场晨会、周会或月会，开完后进行讲解或复盘，会议中哪些问题说得对、哪些说得不对，这就是"你做我看，你说我听"。复盘之后，可以再让员工组织一次会议，如果这次避免了前一次出现的各种问题，那么这个模块就算通过了。

同样，招聘、分配任务等，也都可以遵照这套流程逐步实施，并且每个模块尽量控制在 1~3 个月内完成。

要生产好的产品，就需要有好的原材料，"生产"干部同样如此。一般来说，企业中前 20%~30% 的优秀员工将成为 M1 的候选人。在拥有好的"原材料"后，还要有具体的 M1 干部"生产"数量，企业必须知道自己需要多少 M1，这一般由招聘了多少新员工决定。同时，企业的领导者还应替换不称职的 M1，以及考虑将一批优秀的 M1 晋升为 M2。通过这几个数据，企业就可以推断出自身对 M1 数量的要求，并要依此制订年度"生产"计划，既要保证企业团队的扩充，同时也要保证干部的优胜劣汰。

3. 干部"生产"要设团队分

对每一级干部的培养都要设团队分，包括 M1 级别的干部。团队分是干部非业绩考核的必答题。M1 级别的干部想晋升，就要考核他们能不能培养出更多的 M1 级别干部；M2 级别的干部，需要能输出他们手下 M1 级别的干部。

同时，企业还要鼓励干部向团队外部输出人才，而不仅仅局限在内部晋升。团队内部的晋升算不算培养干部？不算。干部的培养要体现在跨部门、跨岗位的输出上。只有从一个部门输出到另一个部门，才算是真正的干部培养和团队建设，也才能为团队加分。

4. 干部要敢于轮岗

轮岗机制在干部培养过程中至关重要。有句俗话叫"树挪死，人挪活"，组织要培养人、出干部，就要敢于轮岗，让干部在不同的岗位和环境中得到锻炼并快速成长。

当然，轮岗也不能随意进行，要有一定的计划性和时间限制。通常来说，干部轮岗要遵循"1-2-3"原则，即第一年不轮岗，在自己的岗位上工作一个完整年度，第二年开始考虑轮岗，第三年如果拿不出不能轮岗的原因，则必须进行轮岗（见图3-4）。

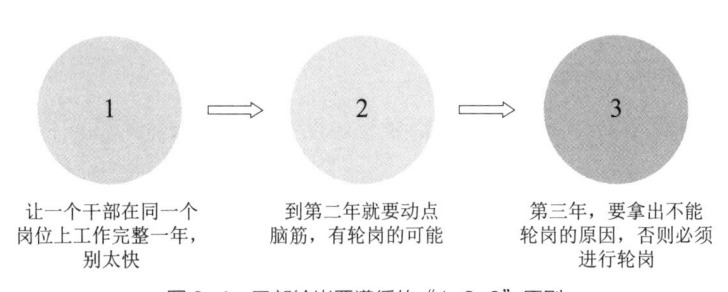

1	2	3
让一个干部在同一个岗位上工作完整一年，别太快	到第二年就要动点脑筋，有轮岗的可能	第三年，要拿出不能轮岗的原因，否则必须进行轮岗

图3-4　干部轮岗要遵循的"1-2-3"原则

轮岗可以分为横向轮岗和纵向轮岗，如何理解呢？横向轮岗是指在同一级别内不同部门间进行轮岗，比如原本管销售的干部，轮岗后仍然管销售，只是换一种产品管。纵向轮岗是指在不同岗位、不同级别间轮岗，比如原来管销售的干部去负责营销，原来负责营销的去负责研发；或者从主管轮岗到经理，从经理轮岗到总监；等等。

干部轮岗还要有一定的时间限制。阿里巴巴干部在轮岗时，从主管晋升到经理，再从经理晋升到总监，目标是6~9年，将一名M1级别的干部培养成为M6级别的干部。考虑到年龄因素，一名M1级别的干部通常在26~27岁，当他成长为M6级别的干部时，会在35~36岁。

对企业来说，培养干部的时间并不多。如果不将这种培养节奏量化，并进行有效管理，就难以实现高效培养干部的目标。

有人可能会问："干部轮岗过程中，有没有快速晋升的通道呢？"

答案是有的。

任何一个企业或组织，都难免会有困难部门或困难区域。这些部门或区域如果能翻身，对组织效率提升将有重大价值，但需要一个机制或政策引导干部去勇担重任，解决一些困难问题，啃一些难啃的硬骨头。如果组织中有干部愿意去这些困难部门或区域工作，企业就应该给予这类干部优先晋升的机会。

具体来说，可以按照下面三种方式进行：

- 对于愿意前往企业内部困难部门或困难区域工作的干部，企业要设立特殊机制。
- 鼓励干部暂时离开一线岗位，担任教官，以换取加速晋升的机会。
- 虽然不建议所有企业模仿，但在某些企业中，干部可以从业务线转岗去做人力资源工作，这样员工就能更好地理解和支持企业的业务需求。

此外，企业还应该为前往困难部门工作的干部提供一定的容错率，并在他们取得成绩后给予快速晋升的机会。这不仅可以解决企业内部困难部门的人员问题，还能培养出具有挑战精神和实战经验的干部。

总之，组织建设的成功就在于能否批量生产和输出高质量的干部。企业能够明确干部的来源，掌握干部岗位的分类，并制定有效的干部培养机制，才能确保干部在不同的环境中成长和发展，并最终成为企业的重要支柱，为企业长远发展做出贡献。

组织顶层如何"搭班子"

有一次,我受邀到英国的银石赛车场观看各种各样新型赛车的试验,那里有一位工程师告诉我,我们人类其实很早就制造出了时速500千米的发动机,但车速不能到500千米。我问他为什么,他说,不是发动机有问题,是刹车问题,时速500千米的车速我们根本刹不住。

一辆汽车既要有发动机,也要有刹车系统,汽车的速度是由发动机和刹车系统共同决定的。同样,一个企业的发展速度也由企业的"发动机"和"刹车系统"共同构成,如果只有"发动机",或者"发动机"很强劲,却没有与之相匹配的"刹车系统",就会出事故。

作为企业创始人,你的意见有没有否决体系?在关键时刻,有没有人能拉住你,让你不要一意孤行?这一点很重要。你的"刹车系统"就是你的班子。

在构建高效组织的过程中，组织基础建设是企业发展的基石。其中，有两个核心要素至关重要：一个是"扎马步"，即"下三路"根基建设，确保组织的基础稳固；另一个就是顶层"搭班子"，代表"上三路"。如果把企业比作建筑物（组织建设），"扎马步"就是建筑物的地基，"搭班子"则是建筑物的屋顶，二者都是建筑物最重要的部分。

不同阶段的"搭班子"

阿里巴巴曾提出，一个企业有三件最重要的事：定战略、搭班子、带队伍。联想创始人也有类似的表述，不过顺序略有不同，他强调的是先搭班子，再定战略、带队伍。虽然顺序不同，结果都是一样的，你的企业处于哪个发展阶段，决定了你按照什么顺序做这三件事。

如果一家企业处于初创阶段，或者现金流尚未转正，那就应该采用先搭班子，再定战略、带队伍的顺序。因为初创时期的战略是基于你现有团队的实力来制定的，不宜做过高估测。要"看菜吃饭"，不能好高骛远。此时，核心团队的组建尤为重要，团队成员必须能共同面对企业早期的各种挑战。

阿里巴巴早期也是先搭班子，等公司发展到一定程度后，才能确定制定什么样的战略、缺什么样的人,再把这样的人引入进来。别轻言战略,战略不是必需品,而是奢侈品。

企业进入下一个阶段,具备一定的资本能力时,就可以先定战略,再搭班子、带队伍。我当时就是阿里巴巴定完战略之后,被搭进去的班子成员。因为要向那个战略走,所以我对这个班子是有用的。这也意味着企业有了清晰的战略方向后,再去搭建合适的团队,最后带领团队执行战略。

"搭班子"的四个原则

我在跟很多企业创始人沟通时,一般都会问他们一句:"你有班子吗?"

很多人信誓旦旦地回答:"当然有!我有好几个联合创始人,也有高管,我们还经常一起吃饭呢!"

我说:"你这不是班子,最多是个高管团队。"

怎么去界定一个班子呢?

班子就像扳手一样,是跟你拧着来的。就像联想创始人曾经说的那样:"一把手要知道,建这个'班子'就是为了制约自己的。"在组织当中,有没有人能够踩刹车,是检验你有没有班子的核心。如果都顺着你来,你说什么,他们就执行什么,这不叫班子。很多企业"车毁人亡",不是方向错了,也不是速度不够,而是在关键时间点上没有人踩刹车,或者就算有人踩刹车,但刹车性能的强度不足以抗衡"发动机"的强度。

这样的班子该怎么搭呢?我认为要遵循四个原则,或者说做好四个搭配。

1. 性别搭配

俗话说,"男女搭配,干活不累"。你要确保团队中的核心成员既有男性成员,也有女性成员。男女搭配,可以更好地实现互补性和多样性。对于客户和市场,男女会有不同的直觉;在内部工作上,男女搭配也会为企业提供"润滑剂"。

2. 年龄搭配

团队中应该有不同年龄段的成员,或者说成员应该保持一定的年龄差异。如果领导者年龄较大,可以考虑引入年轻的成员;反之亦然。一个团队中,最好有比创始人大十几岁或者小十几岁的人。

当年谷歌在创立时,两名创始人拉里·佩奇和谢尔盖·布林都是30多岁,而后请来的埃里克·施密特比他们大了约20岁;扎克伯格在创立Facebook时,也邀请了年长十几岁的谢丽尔·桑德伯格加入，既实现了年龄搭配，也实现了性别搭配。大十几岁是师傅，小十几岁可能是未来的接班人。

3. 文理搭配

一个团队中非常需要有多种思维、受过不同教育和训练的人，这样可以产生思想的碰撞。清一色理工科毕业生的企业，加入一些文科思维就会很不一样；有些消费品企业文科生比较多，如果补充一些理科思维，往往可以为团队带来不同的思维架构。

4. 动态搭配

这也是四个原则中最重要的。我们在考察一家企业时，有时会要求创始人把企业近三年的组织架构图拿出来，这时我通常听到的答案有两种：第一种是，我们只有现在的，以前的组织架构图已经找不到了；第二种是，没必要看三年前的，因为组织架构三年间都没变过，看今年的就可以了。

这两种答案都存在同样的问题：组织缺乏动态搭配。

兵法上说，"兵无常势，水无常形"。企业在每个阶段的发展状态都是不一样的，战略和侧重点也应该不一样。当企业的业务结构、人员结构等发生变化时，组织架构图就需要及时更新，而不是一成不变，这就是动态搭配。

动态搭配有两个要点，我把它总结为 8 个字：分分合合，上上下下。这是什么意思呢？

分分合合是说，有些部门要定期分割成几个小部门，比如，将一个大区域分割成几个小区域；同样，有时则需要将几个区域或部门合并在一起。至于是分还是合，则取决于业务需求和战略方向的变化。

上上下下是说，组织架构需要随着企业的发展进行调整。有些部门可能需要从一级部门降为二级部门，有些部门则需要升级为一级部门。当某个领域的战略重要性提高时，相应的部门也需要相应地提升地位。比如，在许多企业中，会员部都属于市场部、客服部或运营部的二级部门；而在嘉御资本的赋能模块中，会员部则被视为至关重要的部门，被列为一级部门。

动态搭配就是要求企业围绕战略、班子进行调整，去考虑是否可以分分合合、上上下下。

搭班子是构建高效组织的关键一环。遵循以上原则，合理地搭配组建核心团队，并根据企业的发展阶段进行适当调整，就能最大限度地确保团队和组织始终处于最佳状态，推动企业健康、稳定地向前发展。

企业长久靠的是价值观

在很多人的印象中，企业价值观是一种很务虚的东西。它就好像我们小时候课堂前面挂着的标语，念起来朗朗上口，可并不会对实际生活和学习产生什么影响。

但不可否认的是，我们每一个个体都是有价值观的，几乎在做每一项决定时，背后都是价值观在驱动。企业同样如此。企业想要做强，靠的是产品；想要做大，靠的是运营和组织；但想要做长久，靠的就是文化。企业价值观就是企业文化的核心。一个企业想要突飞猛进地增长，可能不需要将核心价值观渗透到企业的每一个层面；而如果一个企业想要十年，甚至几十年如一日地保持良好的声誉，那么建立和贯彻价值观肯定不可或缺。很多《财富》500强企业对价值观都极为重视，比如一直强调"不作恶"的谷歌，以及为了服务好客户，主动限制利润率的开市客，等等。

在我心中，企业价值观就像一种社会道德。对任何一个国家、一个民族来说，法治自然很重要，而如果一个国家、一个民族只有法治，没有德治，没有自己的道德价值观，那是很可怕的。企业也是一样，既需要有法治，也需要有德治。这种道德，就是企业的价值观。

那么，企业如何建立自己的价值观呢？首先，"抄作业"没有用，就算你把《财富》500强企业的价值观抄过来贴在公司的墙壁上，每天让员工背诵三遍也没用，不是你的就不是你的。其次，对许多企业，尤其是中小企业而言，企业价值观就是企业创始人的价值观。因为企业创始人是在某种价值观的影响和引导下建立企业的，然后又吸引着有相同价值观的人加入，并一起走下去。

企业价值观的确会受企业创始人的直接影响，但是并不能靠创始人一个人闭门造车想出来，而应该由创始人组织核心团队对价值观进行讨论并形成。在企业中，不少核心干部都是来自不同企业甚至不同行业的人，每个人对自己之前工作过的企业都可能有一些不认可的地方。这时，我们就可以让大家列出对以前企业中哪些行为或哪些问题最不认可，或者说在现在的企业工作一段时间后，列出自己对企业最不认可的行为或问题。每个核心员工列出来的行为和问题条目不需要太多，5~8条就可以了，然后再将这些内容合并同类项，提炼出大家提到最多的行为和问题，这就是组织要共同避免的；反之，就是组织要共同遵守的规则。

从理论上来说，企业价值观分对外和对内两个方面。对外，价值观是员工在对外做事时所遵循的底线；对内，它就是企业团队成员相处时所遵循的游戏规则。比如，阿里巴巴此前的企业价值观包括客户第一、团队合作、拥抱变化、诚信、激情、敬业等。员工在对外跟客户合作时，如果违反了"客户第一"和"诚信"原则，就会被直接开除。"团队合作"和"拥抱变化"属于加减分项，"敬业"和"激情"则属于加分项。这六点就是阿里巴巴的员工对外面对客户、对内面对团队所要遵守的底线和规则。

提炼出价值观行为和问题的条目后，是不是把价值观贴在公司墙上就万事大吉了呢？

当然不是，企业还有一个很重要的任务，就是对每条价值观提出具体的行为描述。关于这一点，我在百安居和在阿里巴巴工作期间感受最为深刻。百安居的价值观里有好几条都与阿里巴巴的价值观一致，比如都有"客户第一""团队合作""诚信"等，但是百安居缺少对这些价值观的具体行为描述。相比之下，阿里巴巴的"客户第一"就有具体的描述，比如不对客户做出任何虚假或过度的承诺等。

说实话，我在刚加入阿里巴巴时，对这样的价值观描述也是半信半疑，但当我刚上任一个月时就收到两份开除员工的报告，我才真的相信：阿里巴巴的价值观坚守不是随便写写的，而是动真格的，它将自己的价值观执行得很好。后来嘉御资本在选择投资企业时，也会对企业的价值观提出要求，尤其是企业创始人必须具有正确的价值观，不能说一套做一套，更不能在职业操守、道德品行上有明显缺陷。

如果企业没有对价值观进行具体的行为描述，这套价值观就容易流于口号，企业也没办法顺利进入下一个环节——考核。所以我常说，价值观还有一个重要作用，就是用来对员工进行考核，并将考核结果与员工的职位晋升、奖金发放等联系在一起。阿里巴巴的业绩考核就是与价值观联系在一起的，每一年的年终奖方案、员工职位晋升等都与价值观考核相挂钩，实现了价值观考核的"虚事实做"。

价值观怎么考核呢？是不是考员工有没有把价值观背下来？并不是这样。在阿里巴巴，价值观考核的方式是讲故事，并且要讲真实的故事。比如，员工要陈述在过去的一个季度中，自己为团队合作做了什么、为客户做了什么，如果考核他的上级不能举出一个反例，那就要认可这个员工所讲的符合企业价值观的事情。

我刚去阿里巴巴的第一个季度，觉得这种方式不可行，没什么技术含量。但我后来慢慢发现，这种考核方式真的很厉害，因为它既逼着上级去观察和了解员工，甚至要用小本子记下来，到考核的时候使用，同时还可以督促员工努力做一些可以在考核时讲出来的事情。

后来，我在公司里发现一种现象：在考核的前两周，公司里的好人好事特别多。大家也可能是在临时抱佛脚，突击性地做一些好人好事，来应对即将到来的考核。但这里有个问题：如果公司每个季度都进行一次考核，而每次考核的前两周，员工都会围绕企业价值观做一些好人好事，那么一年下来就会有近十周的时间，公司里充满了各种正能量的好人好事，也很不错。关键在于，大家做好人好事做多了，慢慢就会形成一种习惯，企业的价值观就这样逐渐树立起来了。所以，阿里巴巴并不是写出了不同于其他企业的价值观，而是将自己提出的价值观执行得非常到位。

没有谁的价值观是天生的，绝大部分都是后天形成的，企业也是如此。企业对员工的价值观进行考核，目的并不是决定员工年底的晋升、奖金或期权的发放，而是通过每一次考核，让员工和团队有更多改进与进步，让大家更主动地建立和践行企业的价值观。企业有价值观、有执行、有考核、有奖赏，时间久了，大家也就都相信了。

04

运营效率：

没到大公司，别先得"大公司病"

两个"严控",远离"大公司病"

建立高效组织后就可以一劳永逸了吗?

当然不是。很多企业一开始也搭建起了高效组织,但后来发现,高效组织逐渐变得不再高效了,甚至逐渐走向了管理的"大公司病"。

一个企业得了"大公司病"后的表现是:机构臃肿,内部层级过多,职责不清晰,流程机制复杂,部门墙出现,信息沟通不畅,多头管理,管理过头,团队安于现状……就像有些员工调侃的那样:"在大公司,做实事的人比不过写 PPT 搞汇报的人,PPT 简直就是王道。"这话虽然有些刺耳,却也是事实。当这种畸形的现象成为常态后,大公司里真正做实事的人就会变得越来越少。

"大公司病"往往发生在企业过了初创期,具备一定规模,在管理上开始走向成熟的时期。这时,企业会快速滑向平庸,内部会不知不觉地滋生出一些阻碍企业继续发展的危机，让企业效率逐渐降低，渐渐失去了竞争力，甚至导致企业走向衰败。这一现象与企业所有制无关，国有企业、外资企业、民营企业、合伙人制企业等都有可能出现"大公司病"。

我在跟一些企业创始人沟通时也会提醒他们，你们的公司还不太大，就染上了"大公司病"，就像没有富贵命先得了富贵病一样，那你们的整个组织还怎么提效？后期还怎么持续发展？

那么，如何避免"大公司病"呢？

我认为，最关键的是提升企业的运营效率，要做到这一点，就要从两个"严控"做起。

严控"官兵比例"

现在，无论何种类型的企业，只要具备一定的规模，都会出现"官兵比例"失调的现象，"官"多"兵"少。比如，有的副总裁只带三个总监，我见过最极端的情况是一个副总裁只管理一个总监；有的总监只带两个经理，有的经理只管理一个员工。这些都属于"官兵比例"失调。

理想的"官兵比例"是多少呢？

合理的"官兵比例"应该是1:7到1:9，即每个管理层级最好至少管理 7 个人,理想状态则是管理 9 个人。超过 10 个人,就可能难以实现有效管理。

当然,这个比例仅作参考,并没有绝对的标准答案,不同企业可以依据自己的实际情况设置。有没有这个比例,远比具体比例是多少更重要。如果不控制"官兵比例",最后肯定会引发问题。

因此,精简管理层级至关重要,企业创始人和人力资源总监对此都应该非常熟悉。领导者可以通过这样的方法进行自检,比如自检企业内 M6 管理多少 M5,M5 管理多少 M4……依次类推,直到 M1 管理多少基层员工。

那些"官兵比例"严重失调的部门,需要考虑是否应该进行合并或调整。这正是扁平化组织结构的题中之义,要实现扁平化,必须做好这方面的工作。如果创始人或人力资源总监连企业的"官兵比例"都无法脱口而出,而是要回去查询数据,说明他们对这个问题没有引起足够重视,也很难真正去解决问题,组织效率同样难以提升。

严控创始人到一线员工之间的管理层级

许多国内企业的创始人提到,企业规模在一两百人时,一切运作都不错，但当规模扩大到一千人左右时，就开始出现各种问题。这是为什么呢？

实际上，"大公司病"的起因并不在于企业员工人数的多少，当创始人与一线员工之间出现两级或两级以上的层级时，企业就可能会出现"大公司病"。我经常说，创始人与一线员工之间每增加一个层级，企业就要掉一层皮。

企业在初创时期，大家都很开心，因为创始人与一线员工之间几乎不存在任何层级。公司人数在几十人时，创始人跟一线员工之间就一定会增加一个层级了；公司人数到100~200人时，创始人与一线员工之间大概会再增加一个层级，这时候问题还不大。

这个现象类似于我们小时候玩过的一个游戏——传话不重样。人们站成一排，第一个人对第二个人耳语，第二个人再对第三个人耳语……依次类推，将话依次传递下去。当话语通过两三个人传递时，还能保持一定的准确性；中间间隔的人越多，传话越容易走样。

企业也是一样的，不管是上情下达还是下情上达，信息在层级间的传递过程中，层级越多，就越容易出问题。因此，企业需要严格控制创始人与一线员工之间的管理层级。对于那些非核心部门，如果管理顺畅，可以适当增加管理层级，隔三四层也是可以接受的；但对于核心部门，应该保持尽可能少的管理层级，并且越是重要的部门，创始人与一线员工之间的距离就应该越近。

企业要避免"大公司病"，需要努力做到以上两个"严控"。当然，如果你的企业已经形成了"大公司病"，那就要从两个"严控"下手治病！

优化运营流程,避免官僚主义

从本质上说,官僚主义也是"大公司病"的一种表现。它一般指企业中一些人只会发号指令,却不考虑实际工作问题的工作作风。说白了,就是"官老爷"的工作领导作风。官僚主义这种传染病是不分所有制的,民营企业照样会染上官僚主义。

官僚主义是如何产生的呢?企业的官僚主义问题一般出现在控制端和审批端,而且这两个端口具有一定的相关性。企业想要避免官僚主义,至少要做好下面两件事。

高效控制风险

企业发展要不要控制风险?当然要。但凡事都过犹不及,过度控制风险有时反而会造成效率降低。

高效控制风险分为事前控制、事中控制和事后控制三类。根据风险的大小，企业只需要控制一类。也就是说，如果是在事前、事中放开的事，那就要抓好事后的问题。

举个例子，员工经常会因为工作出差，那么在报销出差费用时，企业只需要提前定好相关政策，平时不必过多干预，在每个月或每个季度进行事后审查即可，这就是事后控制。因为这类事项的风险程度相对较低，即使一个季度的出差费用超过预算，也不至于对企业造成什么严重影响，只需在事后进行审查就可以了。

在通常情况下，只要企业有相关的政策和标准，即使事前不控制，事后审查照样能发现问题。而且，在事后发现有人滥用企业政策虚假报销，也相当于花费较小的成本便筛查出了品行有问题的人。

再比如，有些照预算执行的事，事前也不需要审查，事中审查就可以。

需要注意的是，不管是事前审查还是事中审查，只要已经审查过了，就不要再"秋后算账"，事后再审查一遍。企业在设计每一类事项如何控制风险时就要先明确，到底应该抓前、中、后的哪一段。

简化审批流程

在很多职场人看来,"审批"这个词几乎与官僚主义画等号。

在以前的企业工作时,有一天我打开OA系统,突然发现官僚主义开始传染了,因为我是这个流程中的第13个审批人。虽然需要十几个人审批,但实际上真正负责的只有两个人,一个是最早提出申请的人,一个是最后签字批准的人,也就是说,中间其他人都是不承担责任的。

这件事让我觉得很不对劲,我就申请信息技术部门协助,帮我查询两件事:一是在中层管理人员当中,全年从未否决过下级提交的任何申请的人数;二是他们在审批过程中的平均停留时间。

结果显示,相当一部分中层干部,全年对下级提出的各种申请一个都没有驳回过;而他们审批一份两三千字的报告,停留时间也仅为几十秒,这说明他们根本没有认真看过报告。但如果他们不点审批通过,这个流程就无法推进,也就无法进入下一个阶段。这就是显而易见的官僚主义。

于是,我就把那些在审批流程中停留时长小于1分钟、一年中从来没说过一个"不"字的中层管理人员召集在一起，一起来看我调查出来的审批数据，并告诉他们，我认为这种情况只有两种可能：第一，他们所在的这些岗位根本没有存在的必要，即使取消，也不会有任何影响；第二，这些岗位是有必要存在的，但进行审批的人完全没有责任心。

无论是哪种可能，对他们的职业前景来说显然都不是好消息，所以也没有人愿意认领这两种可能。最后我给出了第三种可能，就是主动去修改审批流程。重新设计审批流程的核心是"到三不过四"，也就是每个审批流程只需要3个人进行审批，极端情况也不能超过4个人，这样就没人可以推卸责任了。

企业中的管理者不能怕出事、怕担责任，否则你的岗位就没有存在的必要。一件事需要十几个人审批，中间人都不担责，最后倒霉的不还是第一个人和最后一个人吗？

企业中这些刻板的官僚主义现象，往往都出在一些细节问题上，却能大大影响组织活力和组织效率。企业想要持续发展，必须积极预防和打破官僚主义的束缚，同时定期复盘审批流程，删繁就简（把不需要的流程删除，把复杂的简化），从而激发组织的活力与效率。

不会开会，运营效率高不了

作为现代企业管理中不可或缺的一环，会议的效率和质量直接影响着企业的运营效率和决策质量。

有人说："开会谁还不会？"我想说的是，真就有不会开会的，很多会议时间很长，但效率很低，并且很多企业中最不会开会的就是一把手。

嘉御资本在投资前有一个很重要的窍门，就是旁听企业开会，包括周会、月会、季会、供应商会等各种大会小会。面对面的访谈固然重要，但是在访谈中，被访问者可能不自觉地扮演着某个角色，让你看不清他的真实面目，而开会才是企业最真实的写照。通过会议，你可以看到企业内部很多真实的问题，比如企业家的管理风格、团队之间的配合、企业有没有争论以及企业如何解决各种争议等等。

我一直认为，开会是企业内部管理中一件很重要的事。想要开好会，就不能没有规划，而是要明确开会的流程、频率，以及开会目的是什么、由谁来参会等问题。

会议目的：为什么开会

开会需要明确会议目的，目的越明确单一，会议就会开得越顺利。

会议目的一般有三种。

第一种：决策会

决策会当然是要做出决策的。比如投委会，就是要在会议上投票。

决策会的会议议程必须告诉参会人员，今天有哪几件事要进行决策。为了能更好地做出决策，参会人员可以提前进行更充分的准备，更多地收集意见。

第二种：协调会

协调会的目的是要进行部门或人员的协调。虽然决策已经定了，但在执行过程中，各部门之间可能会有摩擦，就像刚刚戴了假牙，牙齿和舌头会打架一样，开协调会就是要协调他们，改善这种磨合不畅的情况。

第三种：务虚会

这类会议一般既不做决策，也不做协调，甚至可以不在企业办公室开，多数是谈行业趋势、市场格局、干部培训等。当然，一个会议中可以分决策部分、协调部分、务虚部分，但一定不能混淆在一起。

会议流程：开会分几步

一般来说，会议流程分三步。

第一步：会前准备

很多企业在开会时，都不会提前把议程告诉参会人员，大家在会上也都靠临场发挥。有时会开到一半，有人突然要出去拿份材料，或者突然要现场讨论一下，结果发现大家都没有准备，会议效率自然就低。

为了避免这些情况，开会前就应当把议程同步给参会人员，明确哪些需要决策、哪些需要协调，在会上大概都要做什么。遇到企业的重大事项，还要召集核心骨干先开一个甚至多个预备会议。

第二步：会中管理

有的企业在开会时有个习惯，就是每个参会人员都分头记录，结果很可能出现多份不同的会议纪要，并且每个部门都只记跟自己有关或对自己有利的内容，这样是不行的。因为后期要落实一些事情时，各部门之间的沟通很容易出问题，会导致沟通不畅、效率降低。

会议纪要应该由企业统一记录，并由 CEO 或会议主持人签发生效，里面要汇总当时所有参会人员需要做的事情。

同时，会议不用一直由创始人主持，可以让联合创始人、副总裁等轮流主持，这也是培养干部的好时机。创始人不要总是先发言，有时一场两小时的会议，创始人一个人就占去了三分之二的时间，其他人就没办法发言了。创始人可以多提问、少回答，多听听其他人的意见，才能更好地了解情况。

各部门在发言汇报时也要轮流坐庄，不要总按照一个顺序进行。否则，有些部门就会一直赶上"垃圾时间"，比如午餐时间、下班时间，那就没人愿意认真听他讲话了。久而久之，这样的部门很可能也会变成没人在意的"垃圾部门"。但企业又不能有"垃圾部门"，否则整个组织的运营效率都会被最短那块板拖累。

所以，开会时最好能让不同的部门都有首先发言汇报的机会。等各部门汇报完毕后，创始人再最后发言总结，这样就能大大提升会议效率。

第三步：会后督办

会议开完并不算真的结束，会后还要有督办，形成会议闭环才行。会后督办还能让企业轻松养成一个好习惯，那就是在下一次会议的第一个议程中，把上一次的会议纪要拿出来对照检查一下，会后的行动是否都一一落实了。如果没有落实，找出问题出在哪里，一定要及时处理和解决，形成最终闭环。

会议频率：多久开一次会

根据企业的具体情况，开会频率可以有年会、季会、月会、周会、日会等。具体的频率选择与会议的类型等问题有关。

会议频率的设置并没有标准答案，但设计一个相对固定的频率和时间开会，大家就能围绕同一个时间进行准备，会议效率也会提高。如果是企业十分关心的某个事项，可以适当增加开会的频率，随时了解项目进展和遇到的问题；而在一些关键时刻，可能需要放手让团队自行运作，不必让他们每周都来汇报，这时就可以适当降低会议频率。否则，创始人每次一喊，大家都要跑过来开会，就容易让所有部门陷入忙乱，开会效果也不好。

参会人员：谁来开会

参会人员也很重要，有些企业开会时，出席人员很随机，开着开着老板就喊："把××叫过来。"也不管这个人有没有准备、下次还参不参加。

相对固定的会议一定要有相对固定的出席人员，这属于规定动作。当然，也可以适当增加列席人员和特邀人员，这属于规定动作之外的一些自选动作，不影响整体。只是不要为了开会而开会，会上全是自选动作，尤其是不要邀请那些既没有输出也没有输入的人员参加会议，不但于会议本身无益，还容易影响会议效率。

总之，开会主要是为了了解问题、解决问题，提升组织的运营效率。要开好会，就需要做到流程清晰、目标明确，确保会议成为推动工作和解决问题的有效平台，而不是浪费时间的形式主义。

设计报告制度的三个核心

会开多开错了就是"会海",报告多了错了就是"文山"。

企业的报告制度就像你开车时驾驶舱里的仪表盘,上面会显示车速、油耗、发动机热度等指标。开车的人技术再高,也要时刻关注仪表盘上的信息,以便了解车辆的速度、油耗和发动机温度等,确保行车安全。否则,车速太快、油耗太高、发动机温度过热,司机不知道,就容易导致事故。

怎样设计企业的报告制度,保证企业安全,提升企业的运营效率呢?我把它总结为三个核心要素:频率、内容和口径标准。

固定报告频率

和会议一样,企业的所有报告都应该有相对固定的频率,比如年报、季报、月报、周报、日报等，这些都要分别呈现不同维度的内容。如果缺乏固定频率，指标间的对比就不清晰。从来没有设计月报，月与月之间就没法对比；从来没有设计季报，季度与季度之间也没法对比。在这个过程中，如果领导随时要看报告，团队就要费尽心思地为领导随时整理，结果就是拉低团队的工作效率。

设计报告内容

报告的频率决定报告的内容，企业要从固定频率出发，明确日报、周报、月报、季报等各类报告的内容，并根据不同的事项决定报告的内容。

报告中一般都要包括哪些内容呢？

1. 财务报表

这也是大多数人的第一反应，但财务报表是写给股东看的，并不能全面地反映企业的健康状况。而且财务报表本质上是滞后的，反映的是过去一段时间内企业的财务状况。一旦企业的财务报表出现问题，往往意味着企业内部已经出现了较大的问题。这就需要企业领导者反向思考，寻找财务报表体系以外的报告体系，及时摸清企业的健康状况。

2. 客户健康度报告

企业要随时关注客户的健康状况，无论是 To C 还是 To B。客户健康度不一定与业绩相关。比如，To C 业务中的投诉率、退货率等，就是客户的健康度指标；To B 业务中的续费率、客户上线使用频率等，也都是客户健康度指标。这些指标比财务指标更重要。

当然，各种指标并非金科玉律，企业的领导者要对这些指标活学活用，最重要的是能够亲自接触一线，而不仅仅依靠会议上的报告来了解企业的真实状况。

以前我在工作中拜访客户时，通常我的第一次会议或第一顿饭都是与当地十几个客户一起吃的。这些客户并不是特意筛选的，都是我从系统中随机抽取的。我在与他们交流时，通常会问他们一个非常直接的问题："今年在我们平台上赚的钱比去年多的请举手。"如果 10 位客户中有 7 位举手，我会感到特别放心，因为这意味着我们的产品在市场上没有出现重大问题；相反，如果 10 位中只有 5 位举手，或者只有 3 位举手，我就会追问原因，并跟他们一起探讨解决方案。

这种做法同样适用于开门店的加盟商和经销商。

亲自到一线了解情况，是为了了解客户的体验度和满意度。如果你的企业是一家平台型公司，你需要关注的不仅仅是GMV的增长，更重要的是有多少商家的GMV在增长。

关注退货率和客户投诉情况同样重要。如果你的产品带有App（应用程序），那么App就是消费品牌的活跃度和用户持续使用情况的重要指标。这些指标可能短期内与企业的财务状况没有直接联系，但它们反映了用户的忠诚度和产品的市场表现。

3. 团队健康度报告

团队健康度报告，是指企业中不同级别员工的流失情况、岗位空缺情况、轮岗干部的当下情况，以及上一轮考核后员工的收入变化情况，等等。这是对员工关怀的一种体现，也是对团队整体健康度的一种关注。

与客户健康度报告的重点一样，在了解团队员工时，也不能坐而论道，只看报告，而是要亲自到基层了解情况。比如，一家公司有100名员工，今年有多少人的收入比去年提高了，很多企业领导者都无法立刻给出答案。如果今年的100名员工中，有80人的收入比去年提高了，这表明企业发展得很好。如果大多数员工的收入没有提高，即使企业的业绩再增长，也是很危险的。

此外，如果企业改变激励政策或考核政策，领导者也要注意进行闭环管理，确保新的政策能够落实到员工身上，并了解有多少人的收入因此得到了提高。

统一报告口径

我们发现，很多企业在开会汇报工作时，人力资源与财务部门汇报的人工成本是不一样的，营销部门和财务部门汇报的营销费用是不一样的，销售部门与财务部门汇报的销售收入也是不一样的。甚至有的企业中不同的部门用的是两套不同的退货率统计口径、三套不同的复购率统计口径。

这种情况不难理解，人性使然嘛，每个部门一定会选择对自己最有利的标准。但如果企业中的报告口径不统一，不仅很难发现问题，部门的亮点也看不清，甚至内耗在不同部门的扯皮之中。

在以往的工作中，我对这种企业已经运营多年，却仍然未能统一核心报告的口径和标准的行为采取零容忍态度。因为这不仅仅是数据准确性的问题，更是价值观的问题。就像你在开车时计算时速一样，你一会儿说自己按每小时多少千米开的，一会儿说自己按每小时多少英里开的，计量单位不统一，怎么算时速？只有统一口径和标准，得出来的数据才有意义。

对企业来说，如果有条件，可以设立BI（商业分析）专员，这个职位不需要成立一个独立的部门，可以设在财务部门或商务部门之下。如果没有这样的条件，至少需要有人负责统一全企业的报告数据口径，通常是由CFO来承担这项职责。

企业要提升运营效率，就需要在一些制度上多下功夫。在设计报告制度时，不仅要有频率，还要设计和动态地调整频率。作为领导者，你每发出一个指令，员工都要围着转，如果提前让员工知道整个企业会议和报告的频率，就可以减少他们的临时性工作，让他们的工作流更顺畅、更稳定和更高效。

以终为始，压力测试

战场上强调兵贵神速，商场上同样如此。在战场上取胜，靠的是武器和铁军，商场上的武器就是技术，铁军就是组织力。在组织力方面，我们已经总结了企业如何在运营管理过程中提升效率，那么接下来，我就用案例来分享一下企业如何在技术方法上实现效率水平。

锅圈食汇、沪上阿姨都是我们投资、赋能咨询，并稳稳走在千亿元市值道路上的案例。这两个案例都用了同一种方法来提升运营效率，就是"以终为始，压力测试"。

什么是以终为始呢？

锅圈食汇千亿元市值的终点目标是开2万家门店，每家门店营收300万元。"以终为始"，就是要把这两个目标当成起点，然后倒推实现目标的一个个关键节点。而实现这两个目标的方法就要用到压力测试。

我人生中第一次运用压力测试的方法实现高速增长是在阿里巴巴工作期间。有一年，淘宝的商品交易总额从600亿元增长到970亿元，作为从传统零售行业转型过来的我，对这个增长数字感到非常满意——增长幅度超过了50%啊！

然而，阿里巴巴对这个数字并不满意，并且指出，我仍然在用传统零售的思维和打法来运营互联网行业，这是一种很低效的做法。公司的目标是：淘宝第二年的商品交易总额要从970亿元增长到4000亿元，而且接下来不能讨论这个目标能不能实现，只能讨论如何实现。

当时，中国的整个电商市场总营业额才3000多亿元，淘宝的市场占有率已经达到30%以上，是行业第一。在这种情况下，怎么可能用一年时间做出一个比整个市场还要大的规模呢？这就是我当时的困惑。

然而，在阿里巴巴看来，市场份额是给第二名看的，只有第二名、第三名……才会整天盯着市场份额。行业老大不能看市场份额，而是要重新定义市场。

这段经历对我影响很大，后来我们投资的企业只要成为行业第一名，我都会重新讨论和定义市场。因为即便把第二名、第三名的市场份额全给你，也不一定够。

最后的结果是，这种打法确实有效。虽然第二年我们没能完全达到4000亿元的营收目标,但仍然达到了一个令人终生难忘的数字——3760亿元。我当时的具体做法,就是将4000亿元的目标拆成每天完成10亿元目标,然后用这个目标去给业务和职能团队做压力测试,用这个很有压力的目标去发现团队工作中的问题和漏洞,倒推着找出实现目标所需要的资源、方法和时间。

压力测试主要围绕两个关键点进行:一个是压力测试的最小时间单元,是每天、每周,还是每月进行目标考核;二是时间单元对应的任务具体该如何设定。

嘉御资本在投资锅圈食汇时,它的全国门店数量不到1000家,每个月的开店数量在50~100家之间,有时还会掉回二三十家,波动很大。于是,我们就召集该公司中层干部开了一次务虚会,讨论如何提升每个月的开店数量。当时我们给它定的压力测试目标,是每个月稳定开设300家新店。听到这个目标,他们团队惊讶得差点从椅子上掉下去:这怎么可能呢?

每个月开设300家门店,相当于他们原来正常开店速度的3~4倍,他们觉得这个目标太虚幻了,压力也太大了。会上甚至有人不满地表示,这些"万恶"的投资人,简直要把他们逼得走投无路。

其实,这并不是投资人在逼他们,而是我们想进行一下压力测试：如果每个月开设300家门店，需要满足哪些条件，目标才能达成。

压力测试的目的，就是要一次性把组织的问题全部"压"出来，那具体该怎么做呢？

第一步：定性谈困难

根据压力测试目标，公司可以让每个部门把实现目标的核心困难列出来。

比如，锅圈食汇一个月要开设300家门店，供应链部门说，"我们缺牛羊肉"；运营部门说，"我们督导不够，每月增加300家门店，督导根本跟不上"；信息技术部门则表示，"系统承载能力不足"；招商部门说，"加盟线索来源不够"……很快，每个部门都顺利地定性出了各自的问题。

第二步：定量谈困难

这一步是要各部门根据自己面临的具体困难对困难进行定量分析。

比如，供应链部门说缺牛羊肉，那么在每个月新开300家门店的目标之下，一共需要多少牛羊肉；运营部门说自己缺督导，具体需要多少名督导；信息技术部门具体需要多少程序员和服务器；招商部门需要多少加盟线索来源……依次类推，每个部门都要将自己的需求进行量化。

第三步：伸手要资源

在明确困难和需求之后，接下来就要让各部门提出，如果你这个部门要解决当下所面临的困难，你需要公司为你提供哪些资源或政策支持。比如，供应链部门具体需要多少牛羊肉，运营部门要增加多少名督导……各部门都把自己的具体需求向公司提出来。

第四步：设定时间表

这一步是说，如果公司马上就能给各部门提供它们想要的政策和资源支持，那么各部门具体需要多少时间，才能把面临的困难解决掉，完成既定目标。然后各部门需要把具体完成目标的时间列出来。不管是3个月还是9个月，各部门必须要有完成任务明确的时间范围。

第五步：拉齐时间表

由于各部门完成目标的时间不同，有的是 3 个月，有的是 9 个月，所以最后一步就是要统一进度，拉齐各部门的时间表。

比如在第四步，如果政策和支持到位，大部分部门表示自己可以在 6~7 个月内完成目标，那么就把 6 个月当作时间原点来对齐。有些部门计划在 3 个月内完成，那公司层面就适当减少一些资源，让这个部门跑得慢一点；有些部门说自己 9 个月才能搞定，那公司就给这个部门增加一些资源，让他们把进度追到 6 个月。

以上五步做完后，压力测试就进入闭环管理。接下来，各部门便按照以上五个步骤，开始一步步做好自己该做的事情。此后每个月，中层干部都要核对一下各部门的时间表，确保各部门都不会掉链子，能够按照压力测试的"五步走"向前持续地推进目标。

通常来说，在压力测试做完，各部门开始向前推进任务时，6 个月内的任务进度会有较大的起伏，有的还会在原来的水平上打转，甚至可能会掉到更低的水平。但到了第 7 个月，一般就会出现见证奇迹的时刻。像锅圈食汇和沪上阿姨，都是在开完压力测试会议之后的第 7 个月，稳稳地站上了每个月新开 300 家门店的台阶。

实际上，企业能够站上这个台阶，靠的就是通过压力测试，将内部各个部门的问题和短板"压"出来，继而要求各部门对齐短板，设定解决问题的时间。在以往没有压力测试的情况下，想要快速开设新店，公司一会儿要解决人力资源问题，一会儿要解决运营问题，一会儿又要解决信息技术效率问题……大家不在同一个频道上，新问题层出不穷，解决起来不仅手忙脚乱，效果还很差。但压力测试会议一次性便将所有部门的问题都"压"了出来，并进行定量，而且集中在同一个周期里提供资源去解决，这就极大地缩短了优化整个系统的时间。

这种方法有点像开车。司机在开车时，从时速 80 千米提高到时速 100 千米时可能会发现油不对；当从时速 100 千米再提高到时速 120 千米时，可能又发现刹车不对……在不断的修理过程中，司机才能逐步发现整辆车的问题所在。而压力测试一次性就能把问题全找出来，然后同步去解决。

此外，压力测试还有一个好处，就是让企业创始人意识到，企业在增长过程中，有些事情完全是可做可不做的。就像司机开车时，觉得把汽车音响换一换、把座椅换一换，司机会感到更放松、更舒适，开车可能也会更快一些。然而当你把车速提升到时速 300 千米时，你会发现换音响、换座椅这些事情完全没意义。

很多公司在规模并不大的时候,我就观察到,它们做的很多事都属于换音响、换座椅性质的,其实都是一些对提高效率没有价值的事。这就是这些公司反应速度不够快、效率难以提升的主要原因。而当公司高速发展时,很多没有意义、没有价值的事情就会被彻底"压掉",全公司专注于核心目标,时间表和资源也都得到了统一协调,这就可以一次性消除企业长期存在但未曾意识到的短板,有效提升企业整个组织的运营效率。

05

资产效率：
先做减法，后做加法

提升资产效率："先关窗，后捡纸"

从事企业管理和投资这么多年来，我曾不止一次看到一些外部看起来光鲜亮丽的企业，最后因为资产效率低下、资金消耗殆尽、资金链断裂而走向失败。

对企业来说，资产效率提升至关重要，因为它直接关系到企业的赢利能力、市场竞争能力和可持续发展能力。在企业效率提升当中，资产效率的提升是相对比较容易的，因为"人是活的，资产是死的"，人的行为和决策能够直接影响资产的使用方式和效果。

那么，企业该如何提升资产效率呢？

我先用一道智力题来形容一下资产效率提升这件事：假如你的房间里有一张桌子，桌上放着一摞纸，房间的窗户打开着。一阵风吹来，桌上的纸被吹掉在地上，请问你是先捡纸还是先关窗？

答案肯定是先关窗。因为不关窗就意味着，你把纸捡起来后，其他纸还会再次被风吹下去。

同样，提升资产效率要做的第一件事就是"先关窗"，防止产生新的闲置资源和无效资产；然后再"捡纸"，想方设法利用已经闲置的资源和资产。

很多企业也知道要提升现有资产效率，但同时又在源源不断地产生新的无效资产和闲置资源。这就像我们上学时做过的一道"不太环保"的数学题：向一个有塞子的浴缸里放水，这边打开水龙头往里放水，那边再拔掉塞子，让浴缸里的水流出，然后求浴缸里的水是会先溢出来还是先流光。

不少企业家在上学时可能都做对了这类题，但是经营企业，面对企业的资产效率时，却把题目做错了，有的人忙不迭地"捡纸"，有的人冥思苦想该把"水龙头"开多大才合适。其实，不管是关窗和捡纸，还是关水龙头和按下浴缸排水塞，都体现了提升资产效率的次序问题。你把解决问题的次序搞对了，效率自然能提升。

"先关窗"，就是为了防止企业产生新的闲置资源和无效资产。比如工厂扩大产能，可能就是在制造新的闲置资源；再比如库存问题，企业是否能实现以销定货、以销定产，而不是再生产出无用的库存。这些都是需要关的"窗"。

传统行业有一个重要原则——二八法则，即由20%的商品或客户，带来80%的销售和80%的利润。但问题就出在这个二八法则上，20%的商品带来80%的销售，这时你确实赚到了钱；可是再加上那80%的商品所带来的20%的销售，你反而不赚钱了。这80%不赚钱的商品，就属于你制造出来的闲置资源和无效资产。

比如，你的店铺卖鞋子，那你可能需要在店里备几双超大码的鞋子，以备脚比较大的顾客过来选购。虽然你不知道这类顾客什么时候才会进你的店，也许他们一直都不会进来，但为了满足顾客需要，你又不能不备。就算你有1000家卖鞋子的店，每个店里也都要放几双超大码的鞋子。

这些超大码的鞋子就是二八法则里的"八"，互联网诞生后，人们给它取了一个名字，叫长尾产品。这类产品不但占用你的商业面积，还降低了你店铺的资金周转效率，并且你通过"二"赚来的钱很多都被它消耗了。这也是零售企业和很多实体店经营最痛苦的地方。

这种现状能不能破解呢？

嘉御资本曾帮助所投资的江南布衣解决了这一难题，率先在时尚行业内引入"云仓"打法，即门店对产品只出样，不备货。顾客在门店下单后，会由云仓总部发货。这样一来，你就不需要在每个门店都备货了。

  所以，在互联网 1.0 时代，类电商打法提高了企业的库存效率，甚至将库存效率提高到了极致。进入互联网 2.0 时代，电子商务从消费互联网时代转入产业互联网时代，大数据技术发展迅猛。企业通过大数据便可以准确地了解到消费者的真实需求，然后按照消费者需求去生产、去组织，而不再像以前那样，先生产产品，再去找消费者。这样就能有效防止产生新的闲置资源和无效资产，最大限度地减少库存，甚至可以达到零库存。你需要多少，我生产多少，企业也不会再制造出新的、可能会被闲置的资源。这是提升资产效率的一个有效方法。

避免无效资产，破除淡季思维

如果企业已经有了很多闲置资源，该如何释放这些闲置资源，提升资产效率呢？有一个重要且有效的方法，就是消除淡季，让"淡季不淡"。

过去，几乎所有企业都在追求"旺季更旺"，比如每年的"双十一""618"等电商节日，都是所谓的旺季，各个商家纷纷敲锣打鼓地搞促销，生怕自己错过这个好时机。但就算是在增量经济时代，我也不看好这种经营思维。

从消费者角度来说，促销期间商品确实便宜了，但从商家角度来说，旺季就意味着一切成本都是高的，比如营销、物流、客户服务等，唯独商品价格最低。很多时候，这种在旺季搞促销的行为只是赚了吆喝不赚钱。

与旺季相对应的就是淡季。淡季意味着你虽然付了房租、人工费用等，但门店设备和库存几乎都处于闲置状态，产生的效益很少。许多企业创始人在自己的行业内深耕已久，也会习惯性地默认行业内有一个淡季。

在做企业投资时，我经常会关注某个企业或行业是否有明显的淡旺季，但比起实现"旺季更旺"，我认为企业创始人更应该破除淡季思维，重视如何帮助企业实现"淡季不淡"，也就是如何消除一年、一周和甚至一天中的"淡季"。只有创始人心中没有了淡季，才有可能推动整个公司实现"淡季不淡"。

我以前在百安居管理装修建材超市的时候，所有同事都告诉我，梅雨季是建材行业的淡季，因为华东地区的客户在梅雨季都不装修。公司每年在做预算时，也都会控制这个阶段的预算。

我当时刚从投行加入百安居，是个"外行"，没听过这种说法，所以就抱着怀疑的态度去请教那些搞装修的老师傅，想弄清从客户角度来说，选择梅雨季装修到底有哪些影响，或者华东地区有什么民俗，导致人们认为这个时节不适合搞装修。结果问了才知道，当地并没什么民俗限制，除了在梅雨季不能刷油漆，其他都不影响。因为天气潮湿，刷油漆不易干又易花，但梅雨季过后就是高温天气，刷油漆最好。

弄清楚原因后，我就提议，我们是不是可以在梅雨季把刷油漆以外的其他装修工作都干完，等梅雨季一结束就刷油漆呢？大家一想，有道理呀！

后来，百安居就在同行都不做促销的梅雨季大搞促销，但是并不促销油漆。

这就是站在用户角度考虑问题，把一个存在多年、行业公认的淡季给消除了。

嘉御资本现在投资企业，做的第一件事就是辅导企业消除淡季。比如，嘉御资本投资的万店连锁品牌锅圈食汇是做火锅起家的，大家公认的火锅旺季是秋冬季节，品牌方和加盟商在夏季都不赚钱。后来我们换了个思路考虑：夏天做火锅不赚钱，但烧烤是夏天的生意，于是，我们就用两三年时间把烧烤做起来了。客户在夏天不吃火锅，却可以吃烧烤。通过烧烤生意，我们就消除了一年中的淡季。

一周中的"淡季"也可以消除。我们曾经担任全家便利店的顾问，为了帮助它消除淡季，我们辅助搭建了整个会员体系。在设计会员日时，我们没有选择周末生意好的时候叠加会员日，因为这是"旺上加旺"，而是把便利店整个行业生意最淡的周三设为会员日。之后，周三成为全家便利店一周中销售最好的一天。

一天中也有"淡季"，同样可以消除。嘉御资本投资的沪上阿姨在全国有近一万家门店，每天早上 8 点营业，基本要到 11 点之后才能起量，因为很少有人一早起来就买奶茶喝。上午 8 点到 11 点生意少，店面和员工大部分都闲着，这就是一天中的"淡季"。

有趣的是，中国人喝咖啡的时间是上午，下午基本就不喝了。所以，我们就在沪上阿姨奶茶店中嵌入一个咖啡店，早上 8 点开始卖咖啡。从那以后，店里从早上 8 点生意就开始好起来，而卖出的咖啡毛利几乎是这个店的净利，并且把店面和员工这些资源都利用起来了。

消除淡季的本质是释放闲置资产，变相提升资产效率。一旦企业真正做到了消除淡季，原本那些淡季时新产生的毛利几乎就是你的净利，因为固定资产的费用早就抵掉了。

在存量经济时代，让"淡季不淡"比"旺季更旺"更有意义，这也是提升资产效率最有效的方法。不过在此之前，你要先确认企业是不是还在源源不断地生产闲置资源和无效资本，要把那个"窗"找出来并关上，再考虑释放已经产生的闲置资源和无效资本。

现金流：从运营资本下手去改善现金流

现金流是企业生存和发展的命脉，企业只有拥有充足的现金流，才能够实现可持续发展。我们经常在新闻媒体中看到体量庞大并且赢利能力还不错的大集团、大企业突然宣布破产清算，其中很大一部分原因是现金流出了问题，也就是资金流断裂，导致企业无法再维持正常运营。

企业经营中有这样一句话：现金为王。现金流比利润更重要。在经营企业过程中，创始人就要考虑企业的资金周转周期需要多长时间。比如从原材料采购到生产成品，再到销售回款，你的资产周转率是多少；为什么同一个行业，有的企业资金周转要半年，而有的企业只需要一个月。这其实就是运营资本管理的问题。尤其是在外部大环境不乐观，或者企业遭遇经营困难时，企业的运营资本管理显得更加重要。

什么是运营资本

说得直白些,运营资本就是你账上能够维持日常开销的现金,再加上被应收账款占用的资金,以及你的库存占用资金。同时,你还要减掉应付给供应商的资金和预收的货款(比如,很多行业会有预收款、充值额等)。这几项整合在一起,就得出了一个叫运营资本的概念。

要使企业持续运营,企业创始人就要明确运营资本的概念,并且知道你的企业在经营发展的每一步需要的运营资本是多少。比如,企业的营收要从1亿元增长到10亿元,你的运营资本需要从2000万元增长到2个亿吗?这些你是要有规划的。如果收入增长10倍,运营资本需增加20倍,企业就很危险了。遗憾的是,我们做投资多年,看过无数的商业计划书,极少有创业者会在商业计划书或是在与我进行沟通中,提到运营资本的概念。

企业要保证现金流,不仅要从损益表上开源节流,还要从运营资本上去改善。尤其在企业受外界环境影响,遭遇经营困难时,管控现金流更要从运营资本入手。比如,能不能多销一点库存,应收账款能不能催得更紧一点,应付账款能不能通过商量晚付一点,能不能问客户要点预付款或让客户再充点值。这四个动作都做一点点,运营资本就可以大幅下降,企业就可以多出一部分现金流。这是管控现金流最需要动脑筋的地方，也是最有可能实现的地方。

一般来说，企业要从运营资本上维持现金流，主要有下面几个渠道。

- 上游：看你的上游供应商能不能给你适当放宽账期，这样就能让现金在你的账上多停留一些时日。
- 下游：看你的经销商愿不愿意做到现款现货，甚至提前给预付款，不让你的货款压在供销商那里。
- 客户：从客户那里谈一些预付款，说服客户向你提前预付一些款项。

企业在运营过程中，创始人一定要有这样一个思维，就是尽量不要自己垫资，而是去向中小企业、供应商拿资金，让它们愿意在你这里"充值"。当然，前提是你需要牺牲一些利润。但是，现金流比利润更重要，尤其在市场环境不太好的情况下，宁可让利，也尽量不让现金。企业有了现金流才能存活，能存活才有机会发展。

除了关注运营资本，一个优秀的创始人和团队还应该定期做反向计划。

什么是反向计划

反向计划的对立面是正向计划。企业在发展过程中肯定要做正向计划，比如今年的预算是多少，制定一份3年计划、5年战略等。

2000年时，阿里巴巴遭遇危机，账上的资金仅够给员工发3个月工资。第二年，关明生加入阿里巴巴，成为其第一任COO（首席运营官）。他说，自己不是神仙，不知道哪一招能救活阿里巴巴，但他有办法让阿里巴巴活得长一点。3个月的工资，他想办法乘4，让公司活12个月，活着就可能有机会。后来，阿里巴巴在被"续命"期间，找到了第一个现金奶牛产品。而如果当时活不到12个月，那就没办法找到这个机会。这就是反向计划——公司的现金流还能支撑公司多久？有没有可能把公司的生命延长？

阿里巴巴上市时募集了17亿美元，这在当年是很大一笔钱，其中给B2B留了4亿美元。这4亿美元做了什么呢？我们针对B2B做了整整一年的开支预算，即两三年内如果没有收入，这4亿美元能否让我们支撑下去？4亿美元就是我们提前为几百亿美元的公司所做的反向计划。

阿里巴巴上市一年多后，金融危机爆发，我们就顺势宣布转型。事实上，企业转型不成功的风险系数极高，我们哪来的转型勇气呢？就是来自我们有2~4倍的资金做后备——反向计划就是要给自己创造2~4倍的安全系数。

一旦做好了反向计划，你就给自己公司留好了安全系数。当危机来临时，你不但不怕，还有底气撑下去或者做转型。

嘉御资本在选择投资项目时，对于那些现金流不理想的企业一般都不会投。没有自由现金流的企业，挣得终究是纸面富贵，有的利润变成了一堆必须再投资的库存，有的则变成了一堆应收账款。

所以，创业企业在成立第一天起，最重要的就是要保证企业的现金流，在运营过程中把现金流做正，不断去优化自己的上下游，并善于运用不同的账期管理和库存管理策略。对团队的考核不能只考核收入和利润，一定要把运营资本指标，比如库存、应收账款等纳入考核范畴。团队不能觉得都是无"本"生意，应该知道"本"就是运营资本，都是有限的。

06

战略效率:
战略不是必需品而是奢侈品

三级规模效益理论

2005年,我第一次参加阿里巴巴的战略会,其实这也是阿里巴巴自1999年成立以来的第一次战略会。那天开场,大家纷纷说,阿里巴巴终于活下来了,我们已经奢侈到可以开战略会了。这时我就形成了一个观点:战略是奢侈品,而不是一个创业企业的必需品。

怎么理解"奢侈品"和"必需品"呢?

简单来说,女士的名牌包包就是奢侈品,购买与否并不影响生存;但你每天吃的三餐就是必需品,因为不吃会死人。

我们在做企业调查时发现,很多初创企业还没有解决生存问题就想要制定战略了。比如,有的企业创始人问我:"作为投资人,你觉得我们是应该先做规模还是先赚钱呢?"每次我都告诉他们:这个问题不要问我,要问你们自己。因为能问出这样的问题,说明创始人根本没有理解自己所在行业中规模与效益的关系。

初创企业一定是实打实打出来的，不是规划出来的。规模与效益之间的关系，就是考量战略效率的重要维度与关键因素。但企业规模的扩大，并不一定同时带来效益和效益的提升，我们需要从三个方面来理解规模与效益的关系，我把它称为"三级规模效益理论"（见图6-1）。企业创始人需要先分清自己属于规模效益中的哪一级，才能对应地制定出有效战略。

规模和效益的关系：规模≠效益

全国或全球

同城

方圆三千米

图6-1 三级规模效益理论

三级规模效益理论

我经常对一些企业创始人说："不是所有企业都要做北、上、广、深,也不是所有企业都要铺开全国。"

我为什么这样说?因为不是所有的企业、所有的行业,规模的增长都会带来效益的提升。

以外卖平台为例。作为消费者,你最关心什么?我相信应该是你在打开手机点餐时,看看方圆三千米内有什么好吃的,然后让外卖员给你送过来。至于这个平台在全国有多少家餐厅、有多少好吃的,消费者并不关心。

作为商家,他们最关心什么呢?应该是在自己能配送的范围内,平台一天可以为自己带来多少订单。这个配送范围,大部分也是在方圆三千米内。至于平台在全国接了多少订单,商家也不关心。

这就意味着,无论是消费者还是商家,都与方圆三千米外的规模无关,也不会为其支付更多的钱。

所以,我经常跟企业创始人说,千万别忽悠投资人,称自己方圆三千米内不赚钱,但范围扩大到方圆一百千米就赚钱了,这是不可能的。想在这种模式下赢利或拿到投资,关键在于你的每一个方圆三千米都赚钱才行。

这就是三级规模效益理论中最小的一级,也叫方圆三千米规模效益。大量的O2O(线上到线下)企业都属于这一级,必须每个方圆三千米的网格都赢利。

有没有比这个模式稍微好一些的呢？有。就是三级规模效益理论中的第二级：同城规模效益。

以 58 同城为例。58 同城上最多的是什么？租房、搬家、找工作。我住在一个城市的 A 区，可以找一个 B 区的搬家公司；我要找一份工作，也会考虑 C 区的工作。可以说，每个城市都有它提供的服务，但并不会局限于方圆三千米内，只要在一个城市内就可以。

这意味着什么呢？意味着在同城规模效益下，企业想赢利，就必须做到在每个城市都赢利。如果每个城市都亏损，那么所有城市合起来也不会赢利，只会亏得更多。

三级规模效益理论中的第三级为全国或全球规模效益。比如沃尔玛采用的是全球采购、全球供货的模式，全世界每多开一家店，就可以以更低的价格向同一家供应商多采购一些货物，消费者在沃尔玛也能享受到更优惠的价格。再比如，锅圈食汇的冷链供应链是覆盖全国的，在全国范围内开店一盘货走全国，就能通过扩大上游采购规模，实现最大限度的降本增效。但是生鲜就不行，基本上方圆三五百千米一个区域；一个区域要建立单独的供应链，就失去了全国规模效益。

总体来说，只有为数不多的行业和企业才能享受全国或全球规模效益，绝大部分企业都处于同城，甚至是方圆三千米规模效益。做不到全国或全球规模效益并不可怕，你能把方圆三千米做好、把每一个城市做好，照样可以赢利。可怕的是，你的模式明明属于方圆三千米规模效益或属于同城规模效益，却急于覆盖全国，那就是在做完全没有意义的事了。

与其追求覆盖面积，不如做透密度

在每年收到的商业计划书中，总有一些企业在强调：我们A轮做好一个城市，B轮做北、上、广、深，C轮做15个核心城市……然后呢？然后就没有然后了。因为绝大部分企业根本不需要做15个城市，也就是说融不到C轮。除非你的企业处于全国规模效益的层级中，才需要做北、上、广、深，或者在全国铺开15个核心城市。

对大部分行业来说，效益的核心是做透区域密度，而不是盲目地追求覆盖面积。密度做得高、做得透，效益才更容易提升。中国一个省就有几千万甚至上亿人口，如果你能把物理密度、供应商密度、品牌密度等都做好，即使处于较低层级的规模效益中，也可以让企业赢利、让效益获得提升。而且区域高密度还会降低管理半径和管理难度，提升管理效率。

阿里巴巴第一次上市时，是一个市值近300亿美元的企业。

说出来很多人可能不信,那时阿里巴巴的所有业务只在浙江省、广东省和半个江苏省内;产品也只有两个,即中国供应商和诚信通。就是靠这两个半省的业务和两种产品,便撑起了一家近300亿美元的企业。

现在,很多企业创始人告诉我,他们的业务除了一两个省份,几乎遍布全国,年收入可达10亿元。我就问他们:这个10亿元是在一个省内实现的,还是需要覆盖10个省份才能实现?

从投资人的角度来说,我自然更倾向于在一个省内实现10亿元营收的企业。如果10个省的营收才做到10亿元,要么说明你所处行业天花板不高,要么说明你牺牲了管理效率。两者相比,效益也是完全不同的。密度高,物流效率就高,团队管理相对容易,品牌传播也更便捷。

所以,企业要提升战略效率,创始人首先要判断出自己的企业处于三级规模效益中的哪一级,再据此制定相应的战略。如果判断错误,企业的战略效率就会非常低下。

战略的本质是资源分配

企业何时定战略，要根据企业的发展阶段决定。但初创企业最好不要先关注战略，而是先把重点放在如何让企业活下来。只有在解决了生存问题，让企业具有正向现金流之后，企业才有足够的底气谈战略。

关于战略，有两个词非常关键：取舍和落地。大部分企业的战略问题都出在这两个方面：一方面是战略没有取舍，另一方面是战略无法落地。战略的本质，是围绕企业的战略方向进行资源分配。组织资源是有限的，所以组织发展必须有所取舍，集中优势资源，才能让战略顺利落地。

这跟打仗是一个道理。美国在加入二战之后，很快制定了一项作战战略——"先欧后亚"，即先集中兵力和资源用于欧洲战场打德国，对日本则采取防御姿态；等欧洲战场拿到结果后，再将力量转移到太平洋，对抗日本。其中的一个重要原因就是对兵力和资源的合理分配，而不是将有限的力量平均分配，导致战线拉得过长，增加失败的概率。所以，战争中的赢家都是懂得取舍的。在解放战争中，中共中央的决策是向北发展，向南防御，力争控制东北，收缩南部防线，放弃南方八个解放区，才赢得了最终全国的胜利。

企业也是一样。任何一个企业，资源都是有限的，这时战略就要先做好取舍，把优势资源向优势项目倾斜，确保战略顺利落地。有些企业制定的战略本身没问题，甚至很完美，但就是无法落地实施，一个重要原因就在于没有做好取舍，项目没有得到有效的组织保障。这种无法落地的战略，再完美也毫无价值。

但是，我在跟很多企业创始人接触时发现，他们对自己企业的发展非常焦虑，比如担心企业增长速度过慢、无法在竞争中脱颖而出、创新力不够等。严格来说，这些焦虑对企业发展都没有好处，并且也并不能真正解决问题。如果企业创始人带着这些焦虑来做战略，那肯定做不好。

企业要破除战略焦虑

企业要破除战略焦虑，首先就要找到战略焦虑产生的根源。在我看来，战略焦虑的产生主要有两个原因。

1. 将战略定位在对抗竞争对手上

2009 年全球金融危机期间，我到美国参访，有幸拜访了苹果公司创始人乔布斯，其间问了他一个问题："苹果公司最大的竞争对手是谁？"

当时，很多企业都将苹果公司看作自己的竞争对手，所以我很想知道，苹果公司会把哪些企业看作自己的竞争对手。但乔布斯的回答是：苹果公司最大的竞争对手是自己的上一代产品。

那时，苹果公司的 iPhone 3 手机刚上市不久，iPhone 4 正在研发之中。乔布斯指出，苹果的每一代产品都聚集了几千位工程师，创造着最好的用户体验，挖空心思地将各种优秀的功能应用放进去。如果 iPhone 4 不能碾压 iPhone 3，苹果公司的历史就停止了。因此，乔布斯认为，做产品不用看竞争对手，而是看能不能打败自己的上一代产品。

我又问他，苹果手机售价一直很高，难道苹果公司不担心用户消费力不足，导致中高端产品没有销路吗？乔布斯却反问道：现在有多少人用苹果产品？苹果的粉丝会将买汉堡的钱省下来，购买苹果的新产品。认为消费力不足，那只是产品不够好的借口；当你的产品足够好，消费力总会有的。

同样的问题，我还问了微软公司当时的 CEO 史蒂夫·鲍尔默。鲍尔默讲了一个多小时，把微软每一款产品的竞争对手都详细地列举了一遍，比如这款产品要跟苹果竞争，那款产品要跟谷歌竞争……一下子谈了十几个不同的竞争对手。

这就出现一个问题：如果把太多人当成自己的竞争对手，那么你的节奏就容易被竞争对手打乱。就像跑马拉松一样，有些选手是按照自己的节奏跑，成绩不错，也跑得下来，甚至还能取得很好的成绩；有些选手就习惯跟着别人的节奏跑，自己完全没有节奏，结果把自己累得够呛，最后还可能被别人超越。

这两件事让我意识到：企业要克服战略焦虑，首先就要转变竞争观念。企业战略不能为消灭竞争对手而制定，否则企业就失去了自己的目标，被竞争对手带着节奏走。

同样，企业战略也不能为了增长而制定。我在拜访通用电气公司前总裁杰夫·伊梅尔特时，他告诉我，通用电气每年的销售额至少要增长10%~15%，也就是差不多每年都要做出一项营收达100亿美元的业务。当时进入《财富》500强企业的销售门槛就是100亿美元，而通用电气差不多每年都要干出一个《财富》500强企业。

听了伊梅尔特的话，我特别惊讶，问他是怎么做到的。伊梅尔特的回答是：做加减法——把拖通用电气后腿的公司和业务关掉，把能帮助通用电气增长的公司买入。

然而，当一项战略只会做加减法时，就会忘记做乘除法，而一个乘法做好了，往往可以胜过很多加法。如果企业创始人一直在做加减法，追求企业的增长比例，就会放弃更多做乘法的机会，比如创新。所以我们看到，今天的化工、新能源等新兴领域中都没有通用电气的影子。2018年，曾经一度市值全球第一的通用电气公司，还被移出了自己坚守逾百年的道琼斯工业平均指数。道琼斯工业平均指数是道指中最重要的股价指数之一，被视为美国经济的"晴雨表"。这一年，通用电气公司告别了在该指数中长达111年的成分股。

我经常跟一些企业创始人说，在做战略规划时要记住三句话：不要为了增长而增长，不要为了竞争而竞争，不要为了创新而创新。战略不是帮你增长，也不是帮你竞争，甚至不是帮你创新，但好的战略结果必然有更好的增长，帮你能够赢得竞争，从某种意义上来说，也可以实现创新。增长、竞争和创新都不是出发点，而是战略兑现后用来检验的结果。企业把该做的事情做好了，回过头再看，除了获得增长和赢得竞争，也可能已经实现了创新。

2. 不要过早谈论第二曲线

现在，很多企业过早地强调第二曲线（积极求变与市场选择的进化路径），生怕自己起步晚了，影响企业进入第二曲线。说实话，我不赞同这种观点。如果你的企业连第一曲线（守护与拓展核心业务）都没跑出来，最好不要轻言第二曲线。对大多数企业来说，多元化在某种意义上就意味着对自己的核心业务过早失去了信心，而过早提第二曲线也会分散注意力和企业资源。

什么时候才能谈第二曲线呢？我认为，当你的企业满足以下三个条件，才有资格去谈第二曲线：

- 你已经做到了行业第一名；
- 你的企业市场占有率相对较高；
- 你能够以2~3倍的规模碾压同行。

这三个条件表明，你距离第一曲线的天花板已经比较近了，也做好了进入第二曲线的准备。如果没有满足以上条件，比如你只做到了行业第五，那就不要过早谈第二曲线，而是在主营业务上努力追赶前面的四名，让自己做到第一名。但硬扛是很难的，此时你要考虑的是集中资源，在自己的曲线中实现弯道超车，利用差异化战略去赶超头部同行。

有些人问我，差异化战略不就是第二曲线吗？

两者并不是一回事。差异化战略是基于你的第一曲线制定的，只不过它与同行的打法不一样而已。企业想利用差异化战略赶超同行，这个"差异化"就必须真正对你的用户有价值，并且是可衡量价值。有些企业为了差异化而差异化，不断创新，却不考虑用户价值，最终也很难拿到结果。

当然，弯道超车也有一定风险，有些企业可能不愿意做。但我认为，如果你不愿意冒较小的风险，很可能会有更大的风险在前面等你。企业战略中重要的一点，就是敢于冒一些可控的风险。我经常鼓励一些企业，在必要的时候，既要防止赌徒心理，也要适当分配一部分资源，无论是出于预防性目的还是想要弯道超车，都要敢于去尝试。

所以，企业战略还要同时避免两件事：一是钱一多就想干太多事，对行业变化缺乏认知；二是思维太狭隘保守，钱多后反而不愿意冒风险了。

"一司多制"：大胆试点，谨慎推广

"一司多制"具体是什么意思呢？

"一司"指的就是一个企业的使命、愿景、价值观。不管企业中的哪个事业部、业务部，也不管这个部门处于什么阶段，一个企业的使命、愿景、价值观都必须是高度统一的。

"多制"是指企业中的不同业务部门、不同产品线、不同事业群等，处于不同业务状态时会有规律不同的特征，要采取不同的管理制度。

如今，很多企业在战略规划和组织保障上都没有将不同阶段的业务进行分类，导致企业资源分配不合理。事实上，企业的不同业务部门，甚至是企业业务全国拓展的不同区域，其组织能力、市场规模、团队能力、竞争格局等都不一样。在这种情况下，企业就要对不同阶段的业务进行分类，并根据战略规划，合理地进行管理和资源分配。

我们可以做个简单的分类和比喻。

一个企业新规划、新开展一项业务，或是新进入某个区域，就属于企业的小学生业务。一般来说，小学阶段的考试成绩并不太重要，同样，企业在这一阶段的业务考核也不太重要，并不能决定最终的命运，重要的是发现小学阶段的哪些业务能试点成功。

当业务逐渐发展进入中学阶段时，就要进行 KPI 考核了。这时的考核数据很重要，类似于上市前的冲刺。就像中学生的考试一样，因为关系到后面的中考、高考，所以每场考试都要看成绩。

随着业务的逐渐成熟，企业上市，一些业务就要参加高考了。到了大学，大学生的考试成绩虽然重要，但也不再是唯一的评价标准，因为考核内容变了，教学内容也变了。此时，教学内容已经变为企业能为这项业务做什么、能提供哪些资源等。所以，我一直劝那些上市企业创始人：你的企业已经上市，每个季度的业绩已经不是最重要的了，你要多关注季度以外的长远规划。

有些企业全体上下只设一种考核制度，虽然也能销售、有利润，但这是企业或内部某个部门处于中学阶段时更需要的。还有些企业孵化业务，五六年都没结果，就像小学生留级一样。小学阶段主要抓素质教育，对企业来说，重点关注的应该是单店模型、当地干部培养、产业本地化等，做好这几点，企业就可以进入中学阶段，接受 KPI 考核了。同样，你也不能一辈子只读中学不读大学，这就相当于永远没有增长。

企业想做好战略，一定要做到小学阶段和中学阶段两手抓，并且两手都不要放松。从小学阶段起，企业就要对各类业务部门做好道德教育，树立企业文化价值观，不能因为是"小学生"，道德要求就低一些，否则到中学阶段也好不了。对企业的道德标准要像对人一样，必须一以贯之，不能因为是企业的新地区、新业务就放松使命、愿景和价值观的要求。

同时，企业有不同的业务发展阶段，就必须有不同的考核制度。很多战略实施不了，并不是战略本身不行，而是战略方向与考核制度发生了错误。只有企业的战略考核方向与一般业务考核方向有所区别，战略才有可能落地实施。一个企业只用一套制度，是不可能有新的战略亮点的。

制定战略的两套方法论

企业解决了战略焦虑问题,接下来就要制定战略。战略通常有两大源头:一个是由用户需求驱动的战略,用一句话概括就是"因为看见而相信",由这个逻辑出发,可以推出"自下而上,由内而外,以始为终"的方法论;另一个是由愿景驱动的战略,用一句话概括就是"因为相信而看见",由这个逻辑出发,则可以推出"自上而下,由外向内,以终为始"的方法论(见图6-2)。

两大源头就决定了有两套方法论可以成为制定战略的思路。

图6-2 两套战略方法论

由用户需求驱动的战略

由用户需求驱动的战略是自下而上的，用户需求先被企业看见，企业验证这件事可以做，接下来就不断加大资源去做，并上升为公司战略。在这种情况下，企业的一线员工不仅仅是员工，还是企业战略的发现者、试验者和参与者。

阿里巴巴在 1999 年时做过二十几个不同的产品，只有"中国供应商"这个产品被用户看到，之后毅然决然地停掉其他产品，只保留这一个，直到第二个产品"诚信通"出来。这两个产品都是遵循自下而上、用户验证出来的战略做起来的。

再比如，支付宝也是由客户需求驱动而产生的。2003 年前后，大家刚开始用淘宝购物时很不放心，怕自己被骗了，不愿意先付钱后发货；实在想买，就得买卖双方面对面，一手交钱一手交货。为了解决网上交易中买卖双方的这种信任问题，2003 年 10 月，阿里巴巴推出了支付宝，作为淘宝网买卖双方的第三方支付平台。

华为创始人任正非曾说过一句话："要让听得见炮声的人来

呼唤炮火。"所谓"炮声"，就是来自市场一线的客户需求，以及竞争对手的情报、资源和市场环境等；"炮火"则是指企业的各种资源。企业因为看到了客户的真实需求，所以相信一件事可以做、应该做，继而制定对应的战略决策，更直接地为客户服务，将这件事情做好、做成。

对于绝大多数企业，我都建议在战略路径上选择自下而上、用户需求驱动的创新，坚持"因为看见而相信"。绝大多数企业是不具备"因为相信而看见"的能力和实力的。我看到很多企业很可惜，它们在某个产品上已经非常有希望，由用户驱动已经起来的时候，因为没有及时砍掉其他不该做的产品，没有迅速把资源集中在主要产品上，最后错失了战略机遇。

由愿景驱动的战略

愿景驱动是"因为相信而看见"，是一种自上而下的战略，也是一种高风险、高投入，做成后便是高回报的战略。

阿里巴巴在开发阿里云时，就是由愿景驱动，"因为相信而看见"才做的。

2007年，阿里巴巴在宁波召开战略会，请来了两任

CTO（首席技术官）给大家讲阿里云业务。但他们担心大家听不懂，就换了一种方式。当时淘宝每年的交易额超过400亿元，学心理学的王坚博士就问大家："你们相不相信淘宝可以实现1万亿元的年交易额？"大家都纷纷表示有信心。

但是，这个目标对网站的访问量、搜索次数、图片空间等要求都非常高，同时还要支付IBM服务器、Oracle数据库、EMC存储三家公司的技术使用费。整体算下来，淘宝每年至少要支付200亿元人民币，并且就算支付了这些钱，最后也不保证目标一定能实现。此外，全世界还没人这样干过，三家产品的技术也不见得能支持淘宝实现1万亿元年交易额的目标。

怎么办？技术平台不可能完全靠别人，只能自己干。

于是，阿里巴巴成立了一支阿里云团队，不仅配备了精兵强将，还将赢利的公司的利润全部贡献出来，没赢利的公司也要勒紧裤腰带，甚至连刚刚融到的钱也全部投入这个项目。在最高峰时，一年要投入上百亿元来做这件事，并且只要阿里云要人力、要资源，任何一个子公司的技术部门都必须无条件支持。

最后，阿里云做成了。这就是自上而下、由愿景驱动的战略，首长发号施令，把"炮"放在那里，接下来开始布局，设立组织，分配资源，直到拿到结果。现在，阿里云已成为行业内首屈一指的云服务供应商。

这种战略会不会失败呢？当然会，阿里软件就是一个典型例子。2007年，阿里巴巴提出做阿里软件，想法很美好：一天一元，让所有中小企业用上世界级的企业软件。当时阿里巴巴已经拥有几十万家付费的中小企业，在技术上也有非常优秀的团队，大家觉得这件事肯定能做成。然而结果是，阿里软件投资2亿元，做了两年，最后无疾而终。

自上而下的战略是没那么容易成功的，甚至很难成功。它要求企业必须满足两个条件：一是战略方向选择绝对不能错，二是有足够的资源来做这件事。

既然有成功也有失败，企业在做战略规划时，到底应该选用哪套方法论？什么时候该用自下而上的战略，什么时候该用自上而下的战略呢？

我给出的建议是：不要因为贪婪或恐惧而选择自上而下的战略，而要为了实现企业的愿景或大目标才选择，甚至不选择这套方法论，企业就做不下去时，你才能坚定不移地选择并干下去。比如，阿里巴巴如果不做阿里云，1万亿元的年交易额就实现不了，后面很多更大的梦想也实现不了，所以必须做；而阿里软件因为有了贪婪的念头，想着交叉销售，可以多赚钱，最后反而没有成功。

大部分时候，企业应该选择自下而上、由用户需求驱动的战略。因为你看见了用户真实存在的问题，所以相信这件事必须做，由此也可以见招拆招地去认真解决问题，这时更容易做成。

一家企业"因为相信而看见"、自上而下的战略决策非常少，三五年可能才会遇见一次，大部分的战略机遇都来自"因为看见而相信"、自下而上的战略决策。尤其是中小企业，对自上而下的战略决策更要慎之又慎，而且应更多地采用由用户需求驱动的战略；对大型企业来说，可以考虑由愿景驱动的战略，但仍然要保持用户需求驱动战略的能力，两种能力都要具备才行。

战略罗盘：取舍、排序、里程碑与复盘

企业在制定战略时，90%以上的战略都应该来自"因为看见而相信"、自下而上的用户需求驱动。企业需要先收集并整理用户信息，再根据用户真实需求制定战略，并进行合理的资源分配。但是，要确保战略最后能够顺利落地，一方面要依靠组织的可靠保障，另一方面还需要形成流程上的战略闭环。

战略闭环也叫战略罗盘，它分为四步，分别为取舍、排序、里程碑和复盘（见图6-3）。这是一个持续循环的过程，就像一个

取舍、排序、里程碑和复盘四件事像一个罗盘一样循环往复，不断地进行资源的优化、聚焦和分配

图6-3 战略罗盘

罗盘一样，通过不断地循环往复，企业可以更好地优化和聚焦资源，确保战略目标的实现。

那么，这四步是如何影响战略实施的呢？

第一步：取舍

有太多的企业想做太多的事，但真正做的时候发现，企业面临着团队不够、资金不够、资源不够等诸多问题。当然，也有一些企业创始人说，自己有很多资源，那怎么才能在做一件事时把所有资源都用上，确保这件事能做成呢？如果你也这样想，那你已经被资源绑架了。一些成功的企业，即使规模很大，各种资源、团队想法、业务基础等都很成熟，每年也只能聚焦几件事。

所以，战略实施的第一步就是取舍，并且取舍的重心还要落在"舍"上。就算你有很多想法、很多资源，也要学会做减法。有句话叫"针足够细，才能扎进去"，说的是一样的道理。企业必须有核心的关注点，并明确哪些领域将被排除在外，知道自己"做"什么和"不做"什么。取舍之间，是先舍而后取；抓大放小，恰恰是放小才能抓大。没有取舍，妄谈战略。

在这一步，我的建议是事不过三，企业每年聚焦的事情最好不要超过三件。如果你能专注地做好两件事，就已经很厉害了；如果只能做一件，那就集中精力把这件事做到极致。

第二步：排序

我在跟一些企业创始人交流时，谈完战略取舍问题，他们告诉我，他们也做三件事，但三件事是齐头并进的，并认为这三件事同等重要，互相之间彼此独立、并无影响。

我不赞同这种做法。我认为，在做好战略取舍后，还要依照每件事的重要程度进行排序。否则，三件事并行推进，没有明确的优先级，还是容易导致资源分散。更重要的是，企业内部不同部门往往会根据自己对事件的理解和重视程度对事件自行排序。因为任何一件事，它的优先级对不同部门来说可能都是不一样的。

比如，A 部门觉得第一件事对自己很重要，B 部门觉得第二件事对自己更重要，C 部门则觉得第三件事对自己更重要。结果，三件事如同三辆车，不同的部门则像不同的司机，每个司机都有自己最想开的那辆车。资源不能在同一时间集中在同一件事上，否则这件事完成的可能性就会降低。

要避免这种情况，企业就要为任务排序，并制定一个"通关制度"。就像我们玩电子游戏一样，必须顺利通过第一关后才能进行第二关、第三关……中间不能跳着来；或者在三件事当中，第一件事不做到一定程度，第二件事就不能开始，这才会倒逼企业来确定每件事的重量级与优先级，目的是确保资源可以全部集中在当下的事情上。

比如，嘉御资本在投资锅圈食汇和沪上阿姨时，目标是每个月开设300家门店。这并不是我们唯一的目标，但在当时的情况下，我们就是要让所有部门都提高这件事的优先级，最后才能将这个目标顺利完成。

第三步：里程碑

对任务进行排序后，企业还要设置阶段性的战略里程碑。

里程碑包含三个要素：业务目标、时间限制和定量资源。简而言之，就是企业完成一项任务需要多长时间、要用多少资源，最后达成了怎样的目标。比如，企业投入300万元（定量资源），准备用6个月的时间（时间限制），最后实现每月1000万元的营业额（业务目标），这就是里程碑的三个要素。

第四步：复盘

我以前服务过一家企业，他们的园区内有一个特别的纪念区，那里有一个大水塘，水塘中有许多石头，每块石头上都刻着曾经放弃的项目名称和放弃的年份。这样做并不是要贬低那些被放弃的项目，而是为了展示企业曾放弃多少项目才换来今天的成功。这也同时在提醒员工，在新项目启动前，要敢于回顾历史，敢于复盘，思考是否会有类似的情况发生。

战略罗盘中的最后一个环节就是复盘。很多人问我，复盘的时机是什么？

在里程碑的三个要素中，任何一个要素达到了，都要停下来进行复盘。比如，300万元的资源用完了，复盘决定是否追加资源；6个月时间到了，复盘决定是否延长时间；每月1000万元的营业额达到了，资源和时间都没用完，那是天大的好消息，差不多可以全力以赴地投入公司资源了。

在复盘过程中，企业要讨论是否继续为目标追加更多时间，或者投入更多资源。如果时间未到，资金也未用尽，而业务里程碑已经实现，那说明这项业务非常值得做，应该加大投入，甚至可以将其他业务停下来，集中资源，全力完成这项业务，这就是新一轮取舍的开始。

所以，战略罗盘就是在取舍、排序、里程碑和复盘四件事上不断循环，不断地进行资源优化与分配，实施闭环式管理，其中最重要的一步就是复盘。战略流程要经常向后看，有闭环，不断取舍，而不是整天向前看，不断做加法。

战略落地三部曲：
三年战略，两年计划，一年预算

再完美的战略，都需要落地并转化为结果。确切地说，企业战略落地就是贯彻和落实规划，确保规划的事情能够发生并产生效果。

然而，很多企业在执行战略后经常会面临这样一个问题：明明确定好了三年战略，也做好了相应预算，可三年后回过头再看，战略仍然是纸上谈兵，规划和目标并没有实现。

问题出在哪里了？就出在企业遗漏了一个环节，这个环节叫两年业务计划。大多数企业在讨论完三年战略后，往往会直接跳到第二年的预算制定上，忽视了中间环节，即两年业务计划。但这个中间环节恰恰是战略与预算的过渡阶段，能够有效衔接三年战略与一年预算，确保战略目标得以逐步落地。

企业在讨论战略时，经常会按照"以终为始"的思维方式进行，即从未来期望的状态出发，反推到当前应该采取的行动上。

相比之下，预算则是"以始为终"的过程，更侧重于短期的财务表现，容易忽略长期的战略。这两种不同的思维方式便反映出战略与预算的本质区别，即战略是"脑袋决定屁股"，而预算则是"屁股决定脑袋"。如果战略与预算对不上，就需要再补上两年业务计划。

比如，你要做2025年的预算，那就要基于2024年的完成情况，来决定下一步战略应该怎么做。但是，在2024年讨论未来战略时，讨论的却是2025年、2026年和2027年的三年战略。在战略确定后，企业就要再补一个动作，即把2026年的业务计划定出来。这一点并不难，因为2027年的战略目标已经做出来了，那么2027年的期初数就是2026年的期末数，你大概就能了解2026年会完成到什么程度，2027年的预算和业务计划就能基于2026年的计划来做。同样，2025年的预算也可以基于2026年的业务计划来做。

两年业务计划的意义，就是要让三年战略在第二年年底就知道大概结果。第二年的期末数是第三年的期初数，以此排出两年的业务计划，排完以后再做预算。这样在做预算时，你就不会忽略三年战略，而是会将一部分预算考虑到"当年投入，次年产出"上，用以支持两年业务计划所需的投入，这就是资源的提前配置。我把这种战略落地的方式称为"三二一"模式，即三年战略，两年计划，一年预算（见图 6-4）。如果你的预算只考虑"当年投入，当年产出"，两年业务计划就无法完成，战略实施就会脱节，预算永远都衔接不上三年战略。

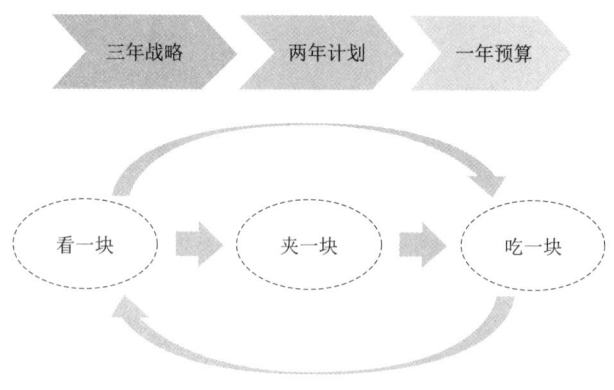

图 6-4 战略落地的"三二一"模式

确定好"三二一"模式，企业规模上了一个台阶后，就可以尝试"五三一"模式了，即五年战略，三年业务计划，一年预算，预算中体现当年投入、后年产出。超大规模企业要考核"十五一"，即十年战略，五年业务计划，一年预算，因为超大规模企业必须看得更远，企业实力也支持更长期的投入。

以微软公司为例，其控股的 Open AI 在 2022 年 11 月 30 日发布了著名的 ChatGPT。这绝非当年的成果，而是经过了五年多的布局，是基于现任 CEO 萨提亚·纳德拉所制定的十年战略、五年业务计划发布的。而在史蒂夫·鲍尔默担任 CEO 期间，微软更侧重于短期规划。

当然，管理并无绝对的对与错。如果微软是一个小企业，只关注当年和次年的战略目标也完全没问题。但如果市值已经达到 3000 亿美元的规模，整天想的仍然是一两年要做的事，那肯定会断送自己的未来。

我在阿里巴巴任职期间，曾经从西方跨国企业引入了"公司年历"（corporate calendar）模式，也就是规定企业在特定时间内一定要完成特定的任务，就像一年四季万物生长一样，要有明确的节奏。这种战略模式中有一个"47101"规划，即以一年中的 1~12 月为一个自然年，企业在每年的 4 月进行人才盘点，但组织不动；7 月开始进行战略讨论；10 月开始讨论业务计划，如果是三年战略，此时就要完成两年的业务计划；11 月，企业进入预算阶段，第二年 1 月进行年度总结，组织调整，新的一年开干！

总而言之，战略落地需要对资源进行合理分配。任何一个企业，不论规模大小，在战略落地方面都要学会"吃一块""夹一块""看一块"。所谓"吃一块"，就是企业当年投入、当年产出的那些业务；"夹一块"，就是当年投入、两年左右产出的业务；而"看一块"，就是当年投入、三年以后可能才对企业有帮助的业务。企业可以根据自己的实际情况，在这三个方面进行合理的资源分配。比如，谷歌公司的"721"分配原则，就是在"吃一块"的业务上分配70%的资源，在"夹一块"上分配20%的资源，在"看一块"上分配10%的资源。

这个"721"分配原则是不是永远正确，或者适合所有企业呢？并不一定，企业还是要根据自己的实际情况来划分资源分配比例。其实这个比例具体是多少并不重要，重要的是你没有这个比例分配才是不对的。

任何一个企业，在战略落地阶段都要做"吃一块"的事，即保证能有当年投入、当年产出的业务，但还要"夹一块"，也就是为两年业务计划做准备。如果还有余力，再逐渐做点当年投入、后年产出的事，这就是"看一块"；没有余力，那就集中资源，把"吃一块"和"夹一块"做好。我们常说"不要吃着碗里的看着锅里的"，因为这中间必然要有用筷子到锅里夹食物的动作，缺少这一步，你就不可能把"锅里的"吃到嘴里。

07

技术效率：
数字化转型和打法

四个"在线"：用技术提升组织效率

一提到数字化，几乎所有人都会本能地想到一个词：效率。数字化能带来企业效率的提升，这已成为一种共识。数字化带来的效率提升，可以使效率直接成为企业竞争力的核心，也将决定企业在整个市场环境中的生态地位。

然而，互联网时代早就到来了，为什么在互联网 1.0 时期，也就是 PC 互联网时期，企业并没有发生太大的组织变化呢？

一个重要的原因在于，PC 互联网时期是人机分离的，消费者不可能带着计算机去逛商场。所以那时淘宝销售的第一个高峰是下午 1 点，第二个高峰是晚上 8 点以后，这时人们才有时间用计算机。

到了互联网 2.0，也就是移动互联网时期，人机进入结合时期，大家随时随地都能拿出手机上网浏览、搜索、购物。上班时基本也是人机不分离，即使去洗手间可能也要带着手机。

而发展到互联网 3.0 时期，以 AI（人工智能）为代表的技术又开始升级。传统企业要想持续发展，就必须先补上互联网应用这一课，学会用技术高效管理自己的组织，提升组织效率。

具体该怎么做呢？我认为需要从四个"在线"做起，并且这四个"在线"的核心顺序不能错（见图 7-1）。

员工在线

产品在线

客户在线

管理在线

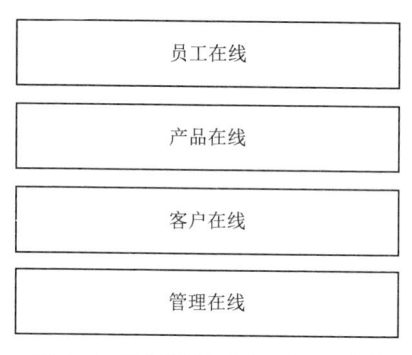

图 7-1　高效管理组织的四个"在线"

员工在线

员工在线是传统企业进行数字化转型的第一步。PC 互联网时期要实现员工在线，企业需要为每个员工配备一台计算机，要花不少钱。但今天早就不需要了，企业员工都是带着手机上班，手机就相当于一台计算机，员工用一台手机就可以实现在线，并且可以在里面找到各种自己需要的东西：商品、服务模式、支付方式、管理方式、客户关系等。

传统企业对员工而言，是一个被动的管理工具，但现在它应该变成主动赋能的工具。比如，为员工专门做一个 App，App 里装什么呢？装产品在线、装客户在线、装管理在线……这些都是员工的刚需。员工上线后，就能把产品搬上线、把客户搬上线、把服务搬上线，随时随地都可以在线工作。

不过，现在很多企业对员工在线这件事还停留在非常肤浅的阶段，比如通过视频开个会、做个培训，用钉钉、微信与员工沟通，等等。这些是远远不够的。员工在线，意味着企业需要把业务流程、产品开发、销售流程、客户服务等全部搬到线上，让员工在线上就能完成全流程的工作。

产品在线

很多企业认为，产品在线是最容易实现的，不就是搞个商城、搞个网店，把产品放上去，方便客户自己购买吗？这种所谓的产品在线完全没有效果，因为如果没有员工在线，即使你的商城或网店里有大量的产品，客户也不见得会主动上去购买。

真正的产品在线，应该是把你的产品放在企业为员工开发的内部货架商城 App 上，并且上面的产品一定要比传统线下更全面、更丰富，产品知识、产品展示更详细。产品在线不仅是在向客户展示产品，更是赋能员工，让员工利用上面的产品去有效地吸引客户，并且为客户提供个性化的服务。

拿江南布衣来说，它的旗下有 JNBY、jnby by JNBY、速写、LESS 等多个品牌，线下门店一店一牌，但是员工在线和产品在线后，店员的 App 中在线产品可以是江南布衣旗下的所有品牌产品。同样，一个品牌门店的店员也可以根据客户的需求，向客户推荐江南布衣旗下的其他品牌产品。比如，JNBY 的店员在服务客户时，发现客户还有购买童装或男装的需求，那就可以同时向客户推荐 jnby by JNBY 的童装和速写的男装。

客户在线

企业的客户可以被两样东西黏住：首先是人拉人，就是让你的员工黏住客户；其次是靠产品黏住客户。客户在线是结果，不是过程。

但是，企业在没有实现员工在线和产品在线之前，客户在线这件事是不可能实现的。因为客户在线是需要有员工服务的，而不是面对冷冰冰的企业服务；客户在线也是要有理由的，就是上面有好的产品、好的内容在吸引他，他才愿意在线。江南布衣这个品牌就实现了 700 万在线会员，会员销售额占比 80%。

为什么能有这样的战绩？一个重要原因就是客户在线时可以获得非常及时的、个性化的员工在线服务。很多企业喜欢把客户抓在总部手里，由总部统一管理，像吃大锅饭，这根本没办法实现个性化服务，也难以留住客户。而江南布衣采取的是每个店铺、每个员工对客户"化整为零"，让每个店铺的员工对该店铺的在线客户实行"包产到户"。这样员工面对客户时，就会像面对自己的责任田、自留地一样，特别专业和用心。

总部应该通过大数据算法，将客户的相应信息推荐给对应服务的员工，让员工提前了解某个客户的搭配风格、着装喜好等，这样员工在为该客户服务时就会更有针对性，而不至于盲目推销。

在产品服务方面，江南布衣也搭建了完善的客户在线服务体系，设置了"不止盒子"这类先试后买、限量抢购、退货免运费，以及一对一的搭配师型格定制服务。有好产品，又有好服务，客户作为会员的黏性就会提高。

管理在线

管理在线永远是服务优先和监督在后。

服务是什么？近几年有个流行词叫"赋能"，服务就是赋能员工，让员工通过企业的管理在线，能力得到大幅度提高，从而更好地服务客户。

大数据使用中有一个非常重要的过程——建模，企业在对客户行为数据记录完以后，就要为不同类型的客户进行建模。当企业建模到了员工这个层面时，如果有500个客户需要服务，企业就可以根据不同的模型，对这500个客户进行分类，然后再根据不同客户的模型从几千、几万款商品库中精选出符合每一个客户的产品，同时配有个性化和有针对性的服务，让员工可以更加精准地对应有需要的客户。这样员工就不需要绞尽脑汁地想着怎么服务好客户，而是由企业制定方案，员工执行就可以了。我们把这种模式称为工单化推送。

企业如果有很好的产品库和知识库，还可以自动连接到每个员工和每位客户。客户提出什么问题，员工都能从知识库中找到答案，给予回答。所以，赋能员工首先就是帮助他为客户建模，让员工掌握管理客户的工具；其次是为员工提供更多的知识赋能、技术赋能，让员工对知识的了解和记忆要求减负。

当然，除了服务赋能，管理在线当然还要有监督。这种监督不仅是为了考核，更是为了更好地维护客户关系。比如，客户与员工的所有对话交流记录，企业都是可以查询的，以防员工对客户说出不恰当的话，或者卖一些不该卖的商品。这种管理在线反而比传统企业一直使用的线下督导更好，这相当于企业有了一个全能的网络督导。

"孩子王"是母婴童行业零售端的一个领军品牌。它的总部在南京，现在已经在全国扩张。它有一个非常显著的特点，就是企业的每一个销售人员都是一个母婴顾问。

在孩子王创建第一年，我们就帮它做了四个"在线"，首先就是从员工在线做起。公司专门为员工开发出一款App，上面有公司的产品库、客户库、知识库等，这就相当于为每一名母婴顾问提供了一个虚拟店铺，但产品的数量、品类等都要比实体店丰富得多。

孩子王实行的是百分之百的电子会员制，所有客户都是交到每个员工手里的，哪个员工先把客户发展成为自己的电子会员，只要这个员工不离职，这个客户就一直是他的客户，员工销售额也能持续提高，这就可以使企业的优秀员工离职率大幅降低。

有一次，我们去孩子王看店，见到一位母婴顾问。他打开手机，上面有900多个客户，而且都是分类排序好的，这些都属于他的客户。他告诉我们，自己以前是开母婴店的，店里一共只有 200 多款商品，客户也很少；到了孩子王后，公司 App 上提供了包括 7000 多款商品的产品库。依靠这些商品和客户，他每个月都能有两三万元的收入。他个人不觉得自己是在孩子王上班，他觉得这么多客户，每个月还能涨几十个，就是他一辈子的资产。

这就是员工在线和产品在线带来的效应，你也可以理解为孩子王的产品在线赋能给这名员工 7000 多款商品和 900 个客户。

通过沟通我们还了解到，这位母婴顾问擅长做的是婴幼儿护肤类产品，对膳食类产品不太熟悉。但是，公司 App 上设有知识库，很多问题都可以自动回答。他遇到问题时，只要在上面以个人名义提问，很快就能得到推荐回答，这就能够帮助他更好地服务客户。

他还告诉我们，店长会在所有对话群里与大家保持沟通。这就意味着，你不能在里面跟客户乱讲话，或者销售不是孩子王的产品。

这就是客户在线和管理在线的效应。

传统企业用技术高效管理组织，就要努力实现以上四个"在线"，其中最容易做的是产品在线。但你光把产品搬上线

效率为王

是没用的，前提必须是做到员工在线，而大部分企业恰恰做不到这一点，这也是传统企业无法实现数字化转型的一个根本原因。

企业不是在经营产品，而是在经营人，但经营人不只是经营客户，更要经营你的每一个员工。你把产品搬上线很容易，但是不一定能销售，因为员工和客户都不在线，谁来卖、谁来买呢？

我曾经给很多企业讲过四个"在线"，他们中不少人把顺序搞错了，结果自然也不理想。员工在线一定是第一位的，因为员工才是一家企业 App 上的高频用户。如果我们画个圆圈，其他三个"在线"也一定是围绕员工在线进行的（见图 7-2）。

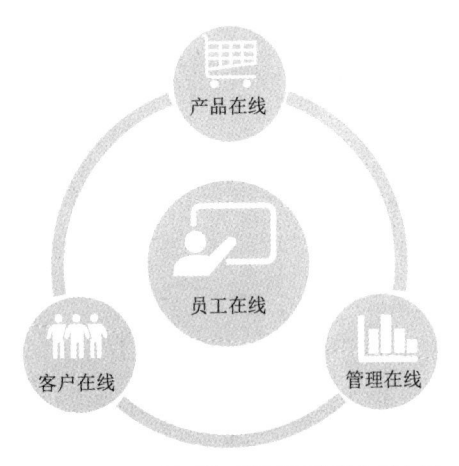

图 7-2 四个"在线"是以员工在线为核心的

To C 甚至 To B 类企业，新零售的核心，或者说给员工赋能的核心，就是把企业的 CRM（客户管理系统）、ERP（企业管理系统）都交给员工，把客户和产品库也交给员工，赋能给员工。我们通过建模、推送、工单化，让员工知道如何应对每一个客户，每天要对这些客户说什么，产品库里推荐何种产品。这个客户是这个员工开发的电子会员，只要这个员工不走，销售就可以一直享有提成，优秀员工的流失率也会大幅度降低。

所以，传统企业要补上互联网这门课，实现数字化转型，就得从这四个"在线"做起。

四个"起来":提升用户体验和运营效率

在数字经济时代,数字化建设已成为企业提升竞争力的关键。尤其是在传统零售企业,推动数字化建设不仅是顺应时代潮流的需要,更是实现高质量发展的必经之路。

2016年10月,阿里巴巴在云栖大会上首次提出了"新零售"的概念。所谓新零售,用大众化的解释就是企业以互联网为依托,通过运用大数据、人工智能等先进技术手段,对商品的生产、流通与销售过程进行升级改造,进而重塑业态结构与生态圈,并对线上服务、线下体验和现代物流进行深度融合的零售新模式。用最通俗的话来讲,新零售就是从经营产品转变为经营人。

传统零售是经营产品的时代。我在百安居时,如果前一年卖掉5000套橱柜,第二年就要争取卖掉6000套橱柜,一切都是为了经营产品。不是说我们当时不想经营人,而是因为消费者一出门店就失联了。百安居这样的建材超市还好,因为可以送货,大概知道客户的地址；其他消费品，消费者离开后就基本再也没有联系了。

新零售最大的背景，就是在移动互联网时代实现了人机合一，消费者带着手机来你的消费场所，你"抓住"消费者的手机，销售问题就解决了。

所以，企业通过数字化转型，传统的线下销售模式就会逐渐演变为线上线下相融合的新零售模式，通过数字化技术实现用户线上浏览、线下体验、多渠道购物等全新的消费体验。而且企业还能通过数据分析和个性化推荐，更加精准地满足消费者需求，为消费者提供个性化、定制化的产品和服务，提升客户的忠诚度和满意度。

传统企业的最大痛苦，就是人工成本与租金成本过高。与传统企业相比，电子商务以低廉的交易成本、简化的贸易流程、超越时空限制的经营方式和由此带来的巨大利润，曾经一度成为诸多传统企业追逐的潮流。

然而，电子商务也有自己的软肋，比如在运营过程中，获客成本水涨船高。当年淘宝花费十几亿元人民币获得的用户基础，今天就是花费十几亿美元也不可能复制。以前大家常说BAT[①]是

[①] 中国互联网公司三巨头简称BAT，它们是百度（Baidu）、阿里巴巴（Alibaba）、腾讯（Tencent）英文公司名的首字母缩写。——编者注

三座大山，其实不然。山不可怕，可怕的是它们就像中国互联网的三大"地主"，你现在几乎找不到一个不用百度、不用淘宝、不用微信的互联网用户。"地主"的可怕之处在于：你要获取一个用户，就不得不给他们付费。因为你自己没有地，圈地又太贵。

不同的企业、不同的行业品类，电商的获客成本为5%~10%，甚至更高。与此同时，电商B2C（企业对消费者）的物流成本也要比传统的B2B物流成本高5%~10%，这就决定了电商加价一定会高于20%，否则就会亏损。相比之下，线下零售的房租大概可以控制在10%，有些传统行业甚至不需要加价到20%就能赢利。从这一点上来看，电商甚至不如传统企业有优势。

与传统企业与电商相比，新零售可以带来什么样的结果呢？答案就取决于新零售的商业模式。我曾经说过，好的商业模式可以用两把尺子来检验，一把是用户体验，一把是企业效率。对任何一个企业来说，凡是不能让用户体验成倍提升的，都不是好的模式；凡是不能让企业效率成倍提高的，也不是好模式。电商的效率优势没有了，是不是用户体验仍旧很好呢？

这要从不同的行业和产品品类来看。比如服装行业的退货率达到了50%以上，零售线上销售被零售量贩店赶超，都是以上两个"凡是"出了问题。

那么，零售该怎么做呢？我总结了四个"起来"，并且顺序也不能搞错（见图 7-3）。

- 第一，现场用户体验拉起来
- 第二，电子会员体系建起来
- 第三，虚拟大店搭起来
- 第四，供应链电商化通起来

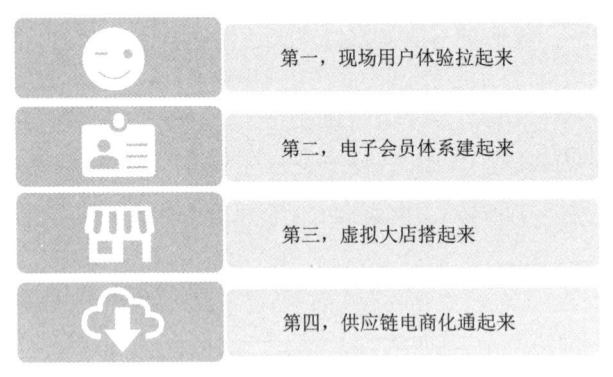

图 7-3　做好零售的四个"起来"

第一个"起来"：现场用户体验拉起来

电商几乎是没有用户体验的，很多传统零售企业出于成本和多种原因考虑，也在逐渐减少用户体验。

我们做过一个调查，女性买衣服平均要试穿四次才会买一件。在这一点上，线下实体店的退货率为 1%~2%，线上却高达 60%，这说明购买服装时，消费者的体验很重要。如果线下实体店的试衣间在镜子摆放、光线搭配等细节上进行科学设计，用户的现场体验效果会更好，成交率也会比线上高。这就是把电商最重要的用户体验拉了起来。

同样，零食量贩店，如果是面积100多平方米、1000~2000 SKU（存货单位）的店，采取散抓散称模式，客户不但选择丰富，还能试吃，几十元就能购买七八个单品，依然比电商体验更好。

第二个"起来"：电子会员体系建起来

以前我们有各种各样的会员卡，一张卡片上印有一串号码，但是，这不叫电子会员体系。界定电子会员的标准很简单：用户离开你的门店后，还能不能与你互动。能互动的就是电子会员，不能互动的就属于"死"会员。

现在，很多企业做的电子会员都有问题。比如，我经常会问一些企业有没有会员部，对方说有；我问他们会员部需要向谁汇报，他们说有的向运营部下面的某个总监汇报，有的向市场部汇报，有的向客服部汇报。我认为这些都是不行的，会员部一定要直接向 CEO 汇报。

企业只有真正懂得经营人的重要性，电子会员才有可能做到从 B2C 变成 C2B（消费者到企业）。什么是 C2B 呢？就是企业的会员部先说话，商品部后说话，订单采购和销售等都要围绕人、围绕客户来进行。

第三个"起来":虚拟大店搭起来

以前的零售受场地限制,不能卖所有产品,现在有了电子商务和互联网技术,你完全可以搭建一个全品类的虚拟店铺。不过,这个店铺不是开给顾客的,而是开给你的员工的,理论上就是让你的每一个员工都有一个微店,他们可以在上面销售其他公司允许他们销售的商品。员工端还应该有三个库:用户库、虚拟店产品库和知识库(企业为员工配套产品和用户的),做到三库合一。

不仅如此,通过电子会员体系,你还能统计出月活跃用户,然后有针对性地找出核心用户加以经营。这样的用户虽然不一定到线下复购,但可以在线上虚拟店铺购物。

第四个"起来":供应链电商化通起来

传统企业零售供应链可以做到信息技术化,自动补货,但行为被动。以服装行业的江南布衣为例,一个品牌的服装在销售过程中,有时出现断色断码、缺少库存,员工都是不知道的,这个问题也造成了很多损失。

我们换个策略，当衣服全色全码卖到最后一件时，你就把这件衣服当样品，顾客要购买，可以在商场下单，然后你再将衣服寄给顾客。因为很少有人当天买的衣服一定要当天穿，而你又能保证隔天把衣服寄到顾客家中，顾客几乎不会拒绝。单是利用这一个策略，我们就曾让江南布衣这个品牌的服装实现了百分之十几的同店同比增长。

在以上基础上再迈出一步，我们还可以做零库存店。店里放全色全码的服装，提供超大试衣间服务，可以让顾客试穿每一件衣服。顾客要购买，就在店里下单，然后从总仓发货，寄件到家。这就是供应链电商化通起来，它可以彻底解决商家不了解第一线货物积压或断货的问题。

作为新零售企业，如果你将以上四个"起来"结合起来，就可以有效实现数字化转型，提升用户体验和企业的运营效率。

数字化建设的三个阶段

数字化建设，简而言之，就是将企业的业务流程、管理模式、决策体系等各方面，通过现代信息技术手段进行改造升级，实现数据化、网络化，最后实现智能化。这个过程不仅仅是企业技术层面的革新，更是思维方式的转变，这要求企业从以产品为中心向以客户为中心转变，从经验决策向数据驱动决策转变。

企业之所以要做出这样的转变，一方面源于市场需求的变化，消费者对个性化、即时化服务的需求日益增长；另一方面，一些新兴企业凭借数字技术快速崛起，导致传统企业面临巨大挑战，而数字化可以显著提升企业的运营效率，降低运营成本，增强企业竞争力。

很多企业也意识到了这种变化，因而积极向数字化建设转型，但耗费了很多时间、精力后，却发现并没有取得应有的效果。实际上，企业数字化建设要想取得满意的成果，一个关键因素就是提升技术效率。我建议企业可以将数字化建设分为三个阶段，这三个阶段又很像我们开车，不同阶段有不同的关注点。

看仪表盘驾驶的数字化 1.0 阶段

司机开车时肯定要看仪表板，否则，即使你车技再高，也很难准确判断车速有多快、油箱里还剩多少油、发动机是不是过热，很容易出现事故。

企业数字化建设的第一个阶段，就相当于司机开车看仪表板阶段，很多企业也把这个过程叫作构建自己的数字化看板，它反映的是企业最核心的业务指标，并且这个业务指标比财务指标更重要。

那么，什么是企业的核心业务指标呢？任何一个企业的核心业务都离不开客户与团队，故而企业的数字化看板也要围绕客户健康度和团队健康度来衡量。

客户健康度，是指客户使用产品或服务的状态是否健康。如果你直接面对消费者，那就要多关心消费者的投诉率、复购率等；如果面对 To B 经销商、分销商，就多关注他们的动销情况、库存积压情况、盈利情况等；如果面对的是加盟商，那就主要关注他们的回本速度等。这些都是客户健康度指标，所得出的客户健康度值反应的也是企业最关键的业务看板。

团队健康度主要关注团队的离职率、重要岗位缺失率，甚至是团队收入增长率或减少情况等。

当企业建立好兼具准确性和及时性的数字化看板后，就可以进入数字化建设的 2.0 阶段了。

智能辅助驾驶的数字化 2.0 阶段

今天，很多新能源车的智能化已经能够实现自动倒车，或是不靠手扶方向盘就能实现自动泊车，这就是一种智能辅助、半自动型的驾驶技术。

企业在数字化建设的第二个阶段，也应及时准确地通过数字化看板建立模型，由模型来推出一些数字决策点，比如，库存管理中的自动补货订货系统，就可以通过构建库存模型实现智能补货；再比如，电商中的半自动广告投放系统，也可以支持在多个电商平台进行广告投放，覆盖更多的潜在客户群体。

此外，企业还可以通过数字化看板推出哪些员工应该纳入 M1、M2 等的晋升。当然，这些都属于"半自动驾驶"，最终仍然需要人来进行决策，但至少企业已经开始依赖数据以及数据形成的模型来做决策了。

全自动驾驶的数字化 3.0 阶段

在数字化建设的 2.0 阶段，如果企业中数字辅助决策的建议越来越多地被验证是正确的，那么企业就应该使部分业务模块进入智能化阶段，不需要人工参与，只需要采用人工智能平台、机器学习算法、自动化工具等产品，即可实现自动化决策、个性化推荐、智能客服等功能。这也是企业数字化建设的最高境界。就像自动驾驶汽车一样，完全依靠智能化来驱动，其本质就是超越人的判断来做出更正确的决策，从而降低人工成本，提升运营效率。

当然，以上三个阶段是一个相互关联、逐步发展的过程。即使要切换，也不意味着企业整体业务都同时进行切换，有些业务可能还需要停留在看仪表盘阶段，有些业务可以进入半自动化辅助驾驶阶段，也有些业务已经进入了全自动驾驶阶段。事实上，目前也很少有企业在所有的业务板块和业务决策中，都能够进入全自动驾驶阶段，但企业应该将"全自动驾驶"作为自己的目标和努力方向，通过 1.0、2.0、3.0 阶段的逐步迭代，最终实现数字化转型。

数字化运营:"旧城改造"与"新区开发"

传统企业在数字化建设或转型过程中,是不是要让所有业务都实现数字化运营呢?

并不是这样的。

我看到许多传统的零售企业和消费品企业在试图进行数字化改造,建造数字化工厂,实现数字化运营,但都没有特别成功。它们的电商销售占比只有超过30%甚至50%之后,才有可能成功。原因在于:想做好电商,企业就必须进行快速反应、快速迭代,倒逼供应链研发改造。比如很多传统的服装企业,以前一年参加两次订货会,一次性生产几十万、上百万件服装,然后铺货下去,这时有的服装企业就称自己要进行数字化改造了。但我认为,企业此时是做不成数字化改造的,因为外部货场没有发生变化,企业就没有动力推进内部改造,也就实现不了数字化运营。直到电商占比突破30%这个临界点后,企业为了适应外部的数字化改造，才不得不实现内部的数字化改造与运营。

这种情况不但在服装领域内发生，在其他消费领域同样会发生。所以，传统企业想要实现数字化运营，就必须先根据自己的实际情况、市场需求、技术趋势等多方面因素，有针对性地制定数字化转型的策略与计划。

我们经常开玩笑说，数字化运营有点像对城市进行现代化改造。城市改造一般分为新区开发和旧城改造。对企业来说，"新区开发"就是企业新开发的业务板块，比如阿里巴巴旗下的盒马鲜生。改造有两件事很重要，一个是在线能力，一个是到家能力。盒马鲜生成立的第一天，采取的就是百分之百客户在线和百分之百电子会员制，你不是会员根本不能购物。同时，盒马鲜生也具备配送到家的能力，店铺约 70% 的营收不是靠消费者到店消费，而是靠线上交易、配送到家的，所以盒马鲜生的发展速度非常快。"旧城改造"则是将原有的业务进行转型，以数字化模式进行运营，但这种转型难度很大。阿里巴巴在 2017 年入股大润发，计划将其打造成为线上线下融合的典范，实现企业的数字化转型升级。为此，阿里巴巴对大润发实施了一系列的新零售变革，涵盖门店数字化、智能采购管理、供应链优化以及大数据营销策略等。然而在 2025 年 1 月，阿里巴巴却低价卖掉了大润发的全部股权，这说明对大润发进行的"旧城改造"未能成功。

从以上两个都是连锁超市的数字化改造案例可以看出，企业进行"旧城改造"的难度是要大于"新区开发"的。

那么，企业是先进行"新区开发"还是先进行"旧城改造"呢？

这跟我们前文讲到的先关窗还是先捡纸的比喻是一样的道理。不想频繁捡纸，你肯定要先把窗户关好，然后再去捡纸；否则窗户开着，桌上的纸就会不断被吹到地上。

企业在数字化转型方面也应该采取"先关窗"这一步，不再让新业务跑在老的系统上，而是尽可能确保新业务在起步阶段就实现数字化建设和运营。之后，再进入对原有业务的"旧城改造"上面。城市的旧城改造一般都比较麻烦，地下有很多年久失修的设施需要翻新、改造。企业的"旧城改造"同样如此，所以也不能一步到位，而是要分类、分级、分步进行，局部改造成功之后，再逐渐进行推广。

嘉御资本投资操作的泡泡玛特就属于"新区开发"，产品上线后直接采取数字化运营；而赋能的全家便利店、江南布衣都属于"旧城改造"。

比如，在对全家便利店进行"旧城改造"时，我们做的第一件事就是取消全部手机号会员制。当时的全家便利店已经拥有上百万会员，但都是用手机号注册的，要一下子把这些所谓的"会员"全部取消手机号会员制，切换到小程序或者 App，其实是一件很难的事，他们担心会员流失，导致业绩下滑。但是在对全家便利店当时的经营状况进行评估后，我们认为从会员体系入手改造是动静最小、见效最快的措施。

尽管如此，我们还是用了近两年的时间才完成这项改造，可见"旧城改造"的难度。但通过我们精心设计的会员等级与权益体系，全家便利店更加精准地迎合了当前市场多样化的消费需求，不仅建立了全家便利店与会员之间的互动选择机制，还能有效识别并培养那些具有高价值的用户群体。

我们对全家便利店的改造主要是从前台入手，而对江南布衣的改造则是从后台入手，也就是先对产品库存问题进行改造。服装零售企业最痛苦的事情不外乎库存太大，每个门店都要铺货，很多服装企业最终也是倒在了库存过大、售罄率过低上。

那我们是怎么解决的呢？我在前文提过，我们推出了一个云仓——在云端建立一个虚拟仓库，将其与门店数据打通。只要云仓上有货，不管哪个门店都可以销售，门店不需要再单独备货，直接开卖就行，然后由云仓发货，直接寄到客户家中。这个系统也叫"内淘宝"系统，通过运用这个系统，我们把江南布衣零售店铺库存所占用的大量资金释放出来，由此盘活了江南布衣的 2000 多家零售店铺。2024 年，江南布衣公布的财报显示，企业年总收入为 52.4 亿元,较上一财年的 44.7 亿元增长了 17.3%;净利润达到 8.48 亿元,较上一年上升了 36.5%;经营活动产生的现金流量净额为 16 亿元,增长 70.7%,增长率远高于净利润增长率。

不论是全家便利店还是江南布衣,我们在对这些企业进行"旧城改造"时,都没有太对其伤筋动骨,但是改造的效果都很明显。所以我经常说,"旧城改造"一定要先从动静最小、见效最快的动作入手。局部改造成功后,再进行下一个阶段的改造。

在未来的 5~10 年,新零售格局中会有两类赢家,一类就是"新区开发"出来的新品牌、新渠道、新 IP(知识产权)等。对参与新零售的企业来说,我建议你要勇敢地拥抱新技术和新人群,否则等到新零售遍地开花结果的时候,你就错过了时机。就像当年很多品牌对电商持观望态度,犹豫不决,结果错失了品牌电商化的红利期。最后等所有品牌都必须电商化的时候,这些品牌已经失去了机会。

还有一类就是对传统零售成功实施"旧城改造"的企业,并且这类企业的价值更大。同样是十几年前的电商冲击,一批品牌倒下了,而另一批品牌则被电商改造成功。未来新零售格局的形成,也会与十几年前的电商化进程非常相似。

08

创新效率：
创新离不开创业环境与精神

企业创新效率为什么越来越低

中国企业的创新浪潮从未像今天这般汹涌，从"互联网+"到"AI革命"，从"新消费"到"硬科技"，无数企业家纷纷高举创新大旗，试图在时代的洪流中开辟新的航道。尤其是刚刚进入2025年，DeepSeek作为人工智能领域的一匹黑马小企业，算法的颠覆性甚至引起了英伟达股票的大跌。面对DeepSeek的成功，我们不禁要问，为什么这种革命性和颠覆性的创新没有发生在传统意义上的大企业中呢？是大企业不想创新吗？

实际上，很多大企业并非不想创新，恰恰相反，它们很热衷于创新。过去10年，嘉御资本接触了上千家创业企业，其中不乏增长速度很快、规模很大的企业，也投资了百余家企业，但我发现，这些大企业的创新效率并不高。究其根源，其实是企业在创新时陷入了一些误区。比如，一些企业创始人沉迷于各种"新概念""新技术"，将创新等同于模式颠覆或技术引进，却忽略了一个根本性的问题：企业创新到底要解决什么问题？

过去几年，我见过太多企业陷入"创新仪式感"——追逐元宇宙、区块链、Web3.0等概念，却连最基本的用户场景都未验证。这就是在为创新而创新，忽略了商业的本质。

创新的起点必须是用户的真实需求，比如安克创新。在推出新产品之前，他们先对欧美市场进行了详细调研，发现欧美用户对"多设备同时快充"的便捷快充产品有强烈需求。于是，他们没有盲目地追求"智能充电"的风口，而是"死磕"氮化镓技术。这项技术不仅减少了元件数量，还简化了电路设计，并减小了充电器的体积，最后他们把240W（瓦）的充电器体积缩小了60%，成本也降至原来的30%，实现了以最低成本达到最高能效比的效果。如今，安克创新的充电器在亚马逊均价卖到每个45美元，稳居品类榜第一。

嘉御资本在选择投资企业时，都会要求被投企业设立"效率三效"：人效、钱效和品效。其中，人效就是年营收与员工人数的数值比例，一般科技企业需要满足200万元/人的条件；钱效就是ROIC（投入资本收益率）不能低于25%；品效是要求企业的新款产品成功率达到70%以上。之所以要求这么高，是因为任何创新都要服从商业效率。技术创新固然重要，但创新的意义只有在创造商业效率和商业价值时才能被真正放大。否则，多高

效率为王

大上的"高科技""新创意"都只是空中楼阁。

嘉御资本在投资企业时，优先考虑的就是团队是否具有"造血能力"。我们投资安克创新的关键因素之一，就是其早在2014年便实现了正向现金流。即使没有外部融资，安克创新也能通过自己的利润反哺研发。比如在开拓新品类时，安克创新内部的创新委员会会充分讨论要不要做，但具体怎么做、花多少钱来做，则交给小团队的创业者自己决定。创新委员会每年会拨备6%的收入用于团队创新试错，允许团队进行三个月的小规模测试；如果创新数据达标，如转化率超过基线水平，就可以追加投入；如果连续两个月核心指标都未能改善，就要果断叫停。

创业团队想要创新成功，必然会不断提升"自我造血"能力，获得更多追加投资。这种创新方式不但花钱更少，所用时间更短，还能提高创新的成功率。最重要的是，有了"自我造血"的能力，企业创新才会更有底气。

创新以提升效率为第一要务

过去，我们一直强调企业要做强做大，尤其喜欢把重心落在"大"字上，创新也是一直围绕在企业如何增长、规模如何做大上。但我认为，"强"既然在"大"的前面，企业就应该先做"强"，才有可能做"大"。在当前的形势下，创新不能仅仅是把企业的增速提高、规模做大，还有很重要的一点是提升企业效能，甚至要把提升效率作为第一要务。

很多企业在谈创新时，往往想去做新产品、新客户，或者想在技术等方面进行创新，目的是打出一条第二曲线来。我的观点是企业不要轻言第二曲线。如果你的企业没有成为行业第一，或者已经成为行业第一，但市场占有率不足10%，这时你的第一曲线往往还有很大的潜力需要释放，谈第二曲线就为时过早。

企业在发展过程中需要创新，但创新不是为了做第二曲线，而恰恰是让企业回归到第一曲线上，提升第一曲线的效率。简而言之，不要过多关注新产品、新客户、新团队，相反，要重点关注老产品、老客户、老团队，以及老的制度、老的组织中是否还有可能通过微创新的方式来提高效率，这种创新获得的回报才会来得更早、更快、更多。

阿里巴巴著名的中供铁军团队，就是一个非常值得肯定和学习的微创新模式。它设计了一套十分精巧的制度，叫"金银铜牌制"，具体来说，就是销售人员上个月的业绩对应的提成，决定了下个月的佣金系数，并且滚动执行。

比如，你1月的销售额是100万元以上，拿到了金牌，那么你2月的提成就是10%；2月你拼命干，销售额为120万元，仍然拿到了金牌，那么你实际拿到手的提成就是$120 \times 10\% = 12$万元；如果你2月懈怠了，销售额只有40万元，那么实际拿到手的提成就是$40 \times 10\% = 4$万元；但如果你只能拿到铜牌，3月不论你的销售额是多少，提成都只能是6%。

销售最怕的就是效率低下，业绩忽高忽低，而"金银铜牌制"这样一个微创新，就完美地解决了销售效率低下的问题，激发了销售人员的"要性"。所以，当时在阿里巴巴的销售人员中流行这样一句话：今天最好的表现是明天最低的要求。就是这样一个简单的微创新，在中供铁军团队的制度创新方面发挥了很有效的作用。

在客户方面，阿里巴巴也做了一些微创新，比如针对客户实施的新续分开制度。简单来说，新续分开制度就是在一个区域内，如果新增客户比较乏力，就把新签约的客户和续费的老客户分开对待，这样一方面避免了销售人员一直守着老客户吃老本，不愿意去开发新客户的问题；另一方面，也解决了很多新的销售人员不愿意更好地服务老客户的问题。在客户饱和时，再实施新续合并制度。至于什么时候分开、什么时候合并，并没有标准答案，但这能影响整个激励制度的设计。还有一点就是，新的销售人员，哪怕客户新续分开了，只要实现客户后面续费，就能提高新员工的稳定性。员工不离职的一个重要原因，就是只要自己不断签客户，以后哪怕是别人帮他续签，他多少都还有一些提成。

很多企业在股权激励方面，经常会因为股权分配问题导致新老员工出现矛盾。对此，阿里巴巴在股权激励方面也进行了微创新，推行了两种股票制度：一种叫先干后给，另一种叫先给后干。对于新来的员工，先给股票后干活；老员工则是先干活后给股票。两种不同的股票激励制度，自然对应两种不同的行权价格。先干活后给股票的，行权价格低，并且不与未来员工业绩强绑定；而先给股票后干活的，行权价格高，并且与未来员工业绩强绑定。

企业内部针对老产品、老客户、老的组织体系等进行一些微创新，可以极大地提高效率，并且成本也要大大低于你开发新产品、新客户或进行新的商业模式创新等所付出的成本。

当然，如果你的企业在行业或领域内已经没有对手了，那么你可以考虑做第二曲线创新。这就像跑马拉松一样，有对手跟你比着跑时，就算你不跟随对手的节奏跑，也能找到一个跟对手差不多的节奏。可当你成为第一名，没有对手时，你就成了孤独的长跑者，你的体能分配也很难做好。

在市场上没有对手时，企业创新就要从外部开始，我们叫"创新在业外"。但外部创新的节奏也不能完全看对手，否则对手错你也错，对手把自己累死，你也把自己累死了。此时，你要把握的是内部团队的节奏，看自己的团队中有多少人、能做多少事，然后再向外进行创新。

还原创业环境，提高创新成功率

一些企业发展或扩大到一定规模后，创始人便开始焦虑，为什么？因为企业缺少创新了。为了解决创新问题，企业便开始展现"大企业做派"：自上而下决定创新方向，或者参照同行选择创新方向，任命一些能力很强的人，抽调一个团队，再投入资金、提供资源，开始"创新"。

我想告诉你的是：凡是这样来搞创新的，失败率都很高。

首先，创新的领导人物不应该是被任命的。领军去做创新的人必须自告奋勇，必须发自内心相信这个方向。企业最忌讳的就是任命个人去创业与创新，创业与创新必须是自我驱动的，是这个人认为这件事可以做、能做成，他才会全力以赴地去做这件事。创业成功的创始人，从来不是被领导任命去创业的。

其次，创新不是用钱砸出来的。钱一多，创业与创新时就只考虑投资回报率、投入产出率等。但真正创业与创新的成功者，一开始都没有钱,每天想的都是如何不投入或少投入就能做出好产品、好项目。人饥饿的时候往往最聪明,创业没钱的时候往往智商最高。

此外,创业与创新如果是从资源出发的,大部分也会失败。这样的创新总认为企业有资源,不用白不用,不管这个资源对用户是不是真的有用。而且这些钱是有年限的,所以对创业速度就有了要求,投资机构对项目的判断周期变得越来越快,创业者也想快点创业成功、扩大规模。总之,钱多、人傻、速来,是大企业创新失败的三大根源。

那么,最好的创新效率是什么?就是还原创业的环境,用风险创投的方法来实现创新,把创新做到极致。

阿里巴巴当年在做阿里软件时,曾拿出 2 亿元人民币,任命新的 CEO,通知所有部门交叉销售阿里软件的产品,想要在一两年内把阿里软件做成。然而两年后,这个项目无疾而终。失败后,阿里巴巴吸取教训,痛定思痛,开始做阿里妈妈的创新业务。

阿里妈妈是一个广告交易平台,当时淘宝还没赢利,就觉得广告可能是一条路径,但阿里巴巴自己没有互联网广告平台,也没有团队,所以在这个项目上只投资了 200 万元人民币，并且这200万元包含了办公、法务、设备、员工工资等所有花销。阿里巴巴允许员工参与投资，如果是集团内部员工来申请，那么你在集团中原有的股权、期权、工资、职位等都将被拿掉，以后项目做成了，公司会用风险投资的方法按照更高估值一轮一轮追加投资。

当时大家觉得这个条件太苛刻了，肯定没人干。而事实上，还真有人主动站出来，接下了这个项目。

资金太少，怎么应对呢？团队只好把办公地点选在了以前阿里巴巴创业时用的湖畔花园，省下了办公室租金；几位高管也决定不拿工资，这又省下了人力成本。

这些小问题解决了，还有一个最大的问题亟待解决，就是广告业务需要买流量，除了需要淘宝内部的流量，还需要外部流量。当时外部流量都被其他广告联盟[①]圈进去了，其他广告联盟的分成比例是6∶4，即其他广告拿六成，网站拿四成。为了能拿到外部流量，阿里巴巴宣布了一个政策：阿里妈妈只拿5%，网站自身拿95%，但条件是没有买流量预付款。这个条件很诱人，因此很多网站敢于挑战一下其他广告联盟，开始挂上阿里妈妈的广告投放。最后，阿里妈妈做成了。

---

① 广告联盟，又称联盟营销，中小网站、个人网站、WAP（无线应用协议）站点等组成联盟，通过联盟平台帮助广告主实现广告投放。——编者注

复盘阿里妈妈的成功就会发现：首先，阿里巴巴当时就是回到了一个创业环境当中，用创投的模式做了创新项目；其次，团队中的人并非领导任命，而是自己报名，报名者首先相信这件事能做成，并且愿意放弃自己在阿里巴巴的资源和待遇；最后，没有太多资金支持，团队要自己到公司找资源，而不是公司主动提供资源给他们用，因为是自己想干，遇到困难就要自己克服。比如，项目团队中的人以工程师为主，工商、税务一类的事务完全不懂，但谁说工程师不应该学习如何办理工商登记？谁说工程师不应该学税务、学法律？这些都必须自己去做，不是外包，否则他们就成了"圈养的动物"，没有战斗力，而创业需要的是"野生动物"，是要在残酷的自然界中生存的。

后来大家讨论，说如果这200万元做不成阿里妈妈怎么办？最后大家的观点是：如果一下子拿出几个亿来做，输一次可能就不敢再来了；但一次拿出200万元，搞100次，总会做成的。所以，企业想要创新，内部就要有创投的方法，或者叫创新的环境，这样才能提升创新的效率和成功率。

当然，企业也要奖励那些愿意认领的创新者，奖励的最好办法不是创新成功后给他多少奖金，而是像内部VC创投的模式：在实现每个里程碑目标时，以更高的估值追加一轮投资，最终给他们一次巨大的资本利得的机会。拿着企业的资本创业，愿意放弃一点工资、股份，自己再投一些资金进去，但获得的回报一定要比做传统企业的老业务好得多。

创业环境的核心就是谁想创业就创业，而创投模式的核心则应该是一个巨大的回报模型，那些敢于创业与创新的人，在成功后应该获得巨额的回报。只有用创业的环境和内部创投的机制，才有可能把创业与创新做到极致，真正提升创新效率。

09

出海效率：
国内越红海，国外越蓝海

以终为始，构建财务模型与选择产品品类

面对激烈的国内市场竞争，许多企业将目光投向海外，通过跨境电商寻找蓝海市场，希望能在海外市场找到企业快速发展的一席之地。相比于国内的红海市场，大家认为国外市场更有发展的潜力。2023年数据显示，中国跨境电商出口规模达1.83万亿元，同比增长19.6%。[1]而当下在国内拥有两位数增长速度的产业，尤其是在万亿元基础上仍然有如此增速的产业屈指可数。这表明，跨境电商是抗风险、抗周期的行业。

嘉御资本也在坚定地做跨境电商品牌，因为我们相信，在国内越是红海的行业，在国外就越属于蓝海。嘉御资本有两个重要团队，一个团队专注于国内消费市场，另一个团队专门负责跨境出海。有趣的是，我们国内团队不投资的品类，往往是出海团队

---

[1] 杜海涛."新三样"产品出口突破万亿元[N].人民日报 2024-01-13(02).

优先考虑的。比如，我们的出海团队投资的安克创新，它的主营业务是充电宝、数据线、耳机等 3C[①] 配件产品。这一领域在国内卷得厉害，已经无法再形成独角兽企业，但它成功地在海外市场取得了突破。还有家居行业，我们的国内团队也不再投资，而出海团队投资的致欧家居已跃居家居领域的龙头，成为嘉御资本投资的第二家 A 股上市的跨境出海企业。

为什么会有这样的局面？原因在于，国内红海的产业链已经相当发达，供应链也十分成熟和高效。如果企业可以将中国的"供应链 + 海归人才 + 互联网"三大要素进行有效整合，就可以将国内最卷的供应链带到海外，在海外开辟出一片蓝海。并且越是在国内处于红海的行业，出海也越容易。

有人可能不理解：做跨境电商有供应链和互联网就可以了，为什么海归人才也是必要要素呢？出海企业拥有一支国际化视野的团队至关重要。如果出海团队缺乏海外工作与生活的经历，便很难对海外消费品市场有足够的洞察力，也很难对海外的知识产权监督有足够的敬畏心，而海归人才恰恰具备这样的素质。嘉御资本投资的十几个出海品牌的核心团队中，无一例外包含海归人才，他们的海外经历为我们提供了宝贵的洞察力和经验。

---

① 3C 产品，是计算机类（computer）、通信类（communication）、消费类（consumer）电子产品三者的统称，也称为"信息家电"。——编者注

企业出海做跨境电商，自然是为了获取更好的净利润率。要实现这个目标，除了具备"供应链 + 海归人才 + 互联网"三大要素，还要重点关注以下两点。

以终为始，建立业务模型和财务模型

跨境电商一定要坚持以终为始，建立业务模型和财务模型，并且要严守业务和财务模型的纪律，这两点非常重要。

首先，跨境电商中的刚性支出是物流费用，物流费用不仅包括海运，还包括海外仓租用、当地配送费用等。这类刚性支出都是稳定的，企业在自身的业务模型和财务模型中要将其清晰地列进去。

其次，海外部分的刚性支出是营销费用，不管是在亚马逊网站上的营销费用还是站外的营销费用，每获得一名顾客需要多少美元，都应清晰明确。

基于以上这两种刚性支出，企业就要设计合理的产品客单价和产品毛利。从原则上来说，低于 50%~60% 的毛利率是无法支撑跨境电商的业务模型和财务模型的。要想做跨境电商，企业一定要有这样的决心：在国外的净利润要比在国内高出 2%~3%，这样才能有生存与发展的空间。

对跨境电商而言，设计好产品单价和毛利，明确物流费用和营销费用占比，就可以确保运营效率，守住净利润率。这表明，跨境电商不是顺着做的，而是倒着做的。如果你要拿到10%的净利润率，就要事先将产品、选品、定价到毛利都一次性设计好。不是先有性能后定价，而是先定价再去提升性能；不是做"性价比"，而是做"价性比"。这是跨境电商行业中非常重要的一点。

还要注意的一点是，基于以终为始和建立并严守业务模型、财务模型这两条原则，跨境电商企业还要坚持不以GMV为唯一考核目的。很多资本在关注跨境电商时，关注的核心都是GMV及其涨幅，甚至企业不赚钱都可以，这显然是不利于企业发展的。现在，很多资本已经逐步退出跨境电商行业，但企业也要更加理性，不能以GMV选市场作为唯一的考核目的。

从选品与产品开发入手

企业建立模型之后，接下来就要进行选品和产品开发了。

1. 选品的三点建议

首先，产品一定要分中外通用型和海外专属型。在跨境电商1.0阶段，要做中外通用型产品。

什么是中外通用型产品呢？比如，安克创新起步的选品是充电宝、数据线、耳机等产品，这些就属于中外通用的产品。无论是在中国市场还是在海外市场，都具有普遍的适用性，没有什么本质区别。

其次，到跨境电商 2.0 阶段，要做海外专属型产品。

在跨境电商 1.0 阶段，嘉御资本倾向于投资中外通用型的产品。如果你现在刚刚起步做跨境电商，做品牌出海，我的建议是做海外专属型产品。这类产品是指那些在中国市场消费并不热门，但在海外市场却有着巨大需求的品类。

举个例子，随着新能源的发展，房车上的太阳能电池板和储能解决方案，在美国市场的需求量就远大于中国，因为目前美国的房车保有量达 1600 万辆，而中国仅有 21 万辆。这说明，这类产品在中国属于非常小众的市场，在海外却是大众市场。

再比如，嘉御资本投资的惠康科技的家用制冰机。这种机器在美国市场每年销量可达 400 万台，但在中国市场销量不到 30 万台。中国人对冰块的需求没有美国人那么强烈，你去美国餐厅吃饭，服务员可以不需要征求你的意见，就先给你上一杯冰水。所以，制冰这件事在中国不叫事儿，在海外却是大事。

在同样受国内外青睐的健身设备中，嘉御资本在中外通用型产品的赛道找到了一个细分赛道，它被称为"走跑一体机"。美国的很多办公桌都是升降式的，人们可以一边办公，一边跑步健身，而这在中国企业是基本不被允许的。这就是在通用赛道中找到了海外专属赛道。

为什么我会建议一些企业做海外专属型产品呢？原因很简单，一方面，那些中外通用型产品，别人可能已经比你起步早几年甚至十几年了，而海外专属型产品在国内市场没有那么卷，竞争压力也相对较小。由于文化和生活习惯的差异，这类产品相比之下在海外有着巨大的市场潜力，也更容易做成功。另一方面，国内的供应链十分发达，但海外专属型产品的本地供应链屈指可数，所以企业甚至有机会自行建厂，并且快速占领海外市场，提升你的出海效率。

最后，发展到跨境电商 3.0 阶段，则要从小件商品逐渐扩展到大件商品和非消费品。虽然大件商品在海外仓储和物流上存在挑战，但一旦做成，就会形成竞争壁垒。

同时，我们还应该敢于从消费领域扩展到工业领域，甚至是医疗器械领域。我一直说，大概只有两个品类出海是难的，一个是食品，另一个是饮料，它们非常本地化。除此之外，其他几乎所有品类都能够被跨境电商重构一遍。

2. 产品研发很关键

如果企业有 2% 的新增资金，不要加到营销费用上，而要投入产品研发。

很多跨境电商企业都想快速增长,迫于这种压力,企业会逐渐增加在海外的营销费用。但我认为,好产品是自己会说话的、是自带流量的,尤其是在海外市场。如果你把2%的新增资金加到营销费用上,表面看好像营销更给力了,但消费者并不能感受得到,也不会影响他们的购买行为;反之,如果把这部分费用增加到产品研发环节,提升产品质量和性能,消费者是可以感受到的,并且愿意为之买单。

嘉御资本在投资过程中,从来不投资那些没有产品研发能力、完全靠铺货或买手型的跨境电商企业。因为今天我们关注的不仅仅是跨境电商,还有出海品牌,品牌依靠的从来不是营销能力,而是产品研发能力。

什么样的产品研发决策才算是精准的决策呢?我用一个四宫格来展示一下,哪些研发可以做,哪些研发不能做(见图9-1)。

	研发周期:长 生命周期:短	研发周期:长 生命周期:长
产品生命周期		
	研发周期:短 生命周期:短	研发周期:短 生命周期:长

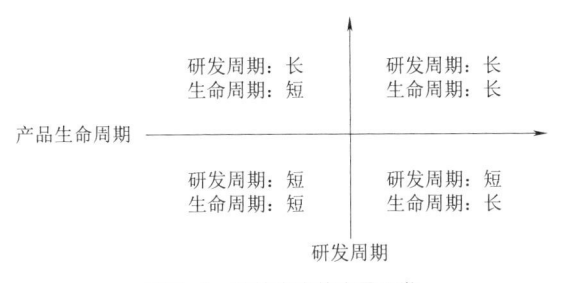

研发周期

图 9-1 跨境电商的产品研发

从图9-1可以看出,产品研发分为四大类。

第一类是研发周期短、生命周期长的产品，这也是产品研发中最理想的产品类型。安克创新的创始人就非常睿智，他们的充电宝产品不但研发周期短，市场生命周期还很长。

第二类是研发周期长、生命周期长的产品。很多家具类产品属于此类，比如宜家在20世纪70年代就诞生了，至今已经存续了50多年，但宜家的任何一款产品研发周期都不短，即使是一把椅子，也需要很长的研发周期。

第三类是研发周期短、生命周期也短的产品。服装、鞋帽类产品就属于这一范畴，它们不需要很长的研发周期，但在市场上的生命周期也不长，也许只能卖一两季，连一年都很难卖到。

第四类就是研发周期长、生命周期短的产品。很多家电类产品就属于此类，这也是我们应该避开的产品类型。很多此类产品可能今年刚刚推出，明年就被新产品迭代了，比如无人机、扫地机器人等。

产品研发对于企业发展和效率提升来说很重要，但出海企业尽量不去碰那些研发周期长、生命周期短的产品。企业选品和产品研发也要尽可能选择产品生命周期长的。如果你能找到研发周期短、生命周期长的产品，那就更幸运了。如果本着长期主义的精神做产品，就要尽量选择研发周期长、生命周期也长的产品。而对于研发周期短、生命周期也短的产品，则需要灵活应对市场变化。

从四个"单一"到四个"拓"

很多企业在国内已经做到一定规模,产品品类齐全,甚至拥有几十亿元、上百亿元销售额的大品牌,但是想出海做跨境电商时,我一般会建议它们从一个细分再细分的领域入手,不要因为自己在国内是做全品类的,就把全品类产品一口气都推出去。

为什么要这样?因为任何一家企业在国内起家时,几乎都是从某个单品做起来的,不可能上来就推出全品类。出海到国外要走的路,跟国内大同小异,也要从某一个单品、某一个爆款出发。这种策略在商业上叫作"聚焦"战略。就像我经常跟一些出海企业说的那样:要做到"一根针足够细",才能扎进市场,让单品体现出和同行的差异化,而不是试图一口吃成胖子。如果一次性推出很多品类,不可能每款产品都能跟同行形成差异化,那就失去了竞争力。只有先把最具差异化的产品亮出来,让无论是 To B

还是 To C 的客户都能眼前一亮，企业才更容易打开市场。

那么，怎样做到"一根针足够细"呢？

所谓"细"，我认为企业应该做到四个"单一"：单一地区、单一渠道、单一品类、单一品牌。在这四个"单一"方面，企业至少要做到年销售额 1 亿美元，才算是"扎"进了海外市场，接下来才能考虑拓展市场、实现增长的问题。如果四个"单一"连 1 亿美元销售额都达不到，那说明企业的产品市场太小了。嘉御资本在投资时，一直都鼓励企业不要先进行扩张或追求增长，而是先从四个"单一"做起，达成年销售额 1 亿美元的小目标后，再考虑下一步。

如今的跨境电商行业主要有两类企业：一类被称为原创原生跨境电商企业，创始人一开始就坚持将产品推向海外，坚守四个"单一"的目标；另一类是在国内已形成一定规模，甚至属于年销售额达几十亿元、上百亿元的龙头企业，在有规模、有利润后，想要做海外生意。后一类企业是最容易犯错的，往往一上来就想做多渠道、"全球开花"，把国内品类都卖出去。但我告诉你，这类企业往往刚一出去就会栽跟头。所以，无论是原生原创跨境电商企业还是国内的消费龙头企业，想出海都要从四个"单一"做起。

实现四个"单一"之后，接下来企业才能进入下一个阶段，也就是四个"拓"的阶段，即拓地区、拓渠道、拓品类、拓品牌。

先拓地区还是先拓渠道

企业要提升效率、实现增长，就必须做拓展，但拓展也要懂得取舍，比如，应该先拓地区还是先拓渠道呢？

对于四个"拓"的取舍，我的建议是：一次只迈一步，站稳脚跟后再迈下一步，否则就会像青蛙跳一样，根本跳不远。

对于先拓地区还是先拓渠道，我认为主要看企业在欧美市场是否属于一盘货。

如果都是充电宝、数据线一类的产品，仅仅受不同地区电压影响，那就属于一盘货，企业应该守住渠道拓地区，如守住美国亚马逊，赶紧做欧洲亚马逊，因为两个市场的规则基本是一致的，通过守住渠道就可以拓展两个区域。

但如果企业的产品是床品、服装一类，受美版和欧版尺寸的影响较大，那就属于两盘货，企业应该守住地区拓渠道。企业在规模尚未形成的时候运营两盘货，整个设计、供应链、物流的效率等都会大幅度下降，所以这时不要拓展新的品类，而是尽量守住一个区域。

1. 从单一渠道拓多渠道

亚马逊有偏买断型的 VC（vendor central，供应商平台）模式，也有偏自己开店、自己运营的 SC（seller central，第三方卖家）模式。不管是经常做 SC 模式的企业还是直接采用被亚马逊买断性质的 VC 模式的企业，我个人的建议是：企业两者都要做，但要严控 VC 比例，企业不能把自己的命运全部交给亚马逊，手上一定要有 SC 账号，保持自身在亚马逊上独立打仗的能力。同时，企业还要努力走出亚马逊，尽可能将自己的产品纳入更多的渠道当中，形成好品牌。可口可乐在世界上任何一个便利店、超市和自动售卖机都能买到，这就是好品牌，好品牌一定要尽可能地多占领渠道。

在亚马逊上形成的品牌被称为渠道品牌，也就是在单一渠道中形成的品牌。这种品牌有利有弊，有利的一面就是消费者选择品牌时处于一种半封闭环境，就像淘宝当年做的淘品牌。但有弊的一面是，很多品牌在走出亚马逊后，仍然可以选择其他线上渠道，如美国的沃尔玛全球电商，在北美的很多品类是亚马逊的三分之一，甚至个别品类达到了亚马逊的一半。如果你想在北美拓渠道，就不能放弃沃尔玛。

美国还形成了很多垂直平台，如 Best Buy、HomeDepot、Wayfair 等。企业在做完综合平台后，就应该进入这些垂直平台；做完垂直平台后，再考虑进入独立站。独立站的优先级通常跟品类有关，不是所有的品类都适合做独立站（见图 9-2）。

```
                   ┌─────────┐
                   │  亚马逊  │    VC与SC兼顾
                   └─────────┘
                   ┌─────────┐
     拓渠道         │走出亚马逊│   沃尔玛＞垂直平台＞独立站
                   └─────────┘
                   ┌─────────┐
                   │  独立站  │   优先级视品类而定
                   └─────────┘
```

图9-2 跨境电商从单一渠道拓多渠道

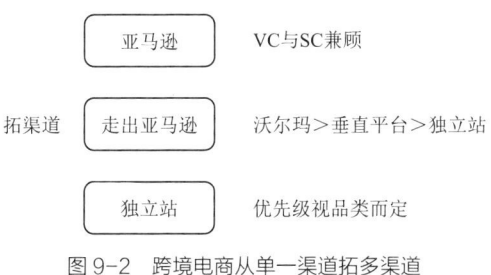

在关注亚马逊平台和垂直电商平台之外，近几年中国诞生了出海平台"四小龙"，包括阿里巴巴旗下的AliExpress（速卖通）、拼多多旗下的Temu、TikTok的电商业务TikTok Shop和快时尚零售商SHEIN。在这些平台上，企业又该重点选择哪个平台发力呢？

我认为最核心的判断方式，是对"四小龙"各自的特点进行深入理解。

AliExpress属于阿里系、淘系，对商铺的理解最为深刻。亚马逊存在的一个问题就是单品驱动，如果产品需要组合销售，那就需要运营一个独立的商铺，这时AliExpress就是特别值得发力的点。

Temu平台更强调单品的质价比，如果你在亚马逊上做得很好，在精选产品上拓展Temu渠道也能获得很大的成功。

TikTok Shop是针对很多新、奇、特产品的销售平台。在亚马逊上，如果你不知道一个产品是什么或者叫什么名字，就无法通过搜索来寻找这个产品。但 TikTok Shop 可以通过视频让大家先知道这个新、奇、特产品的存在，再刺激用户消费。可能等你买回来这件商品，你都不知道它的外文名字。

SHEIN 是一个时尚产品销售平台，如果你的产品对时尚感要求较高，SHEIN 就会成为你最好的合作伙伴。

2. 从单一地区拓多地区

在拓地区方面，我建议优先考虑欧美市场。占领全球品牌制高点，对于建立品牌势能至关重要。历史告诉我们，无论是索尼、三星还是 LG，这些品牌都是先在欧美市场取得成功后再向其他地区扩展的。占领欧美市场不仅能让企业较快地形成品牌势能，欧美市场的消费能力还可以让企业获得更多利润。

在欧美地区，美国拥有 3 亿人口和统一的大市场，你可以选择先从美国市场开始。一些企业做好美国市场后，再进军欧洲市场时会经常碰壁，因为欧洲国家多、语种杂，光是产品包装和说明书就要印好几种语言，你可以选择先从德国入手。德国有近 8500 万人口，却拥有相当于美国 1.5 亿人的消费能力。把德国做透之后，再去做其他欧洲市场，才是正确的拓展地区的顺序。

欧美市场取得成功后，再向东南亚、南美和中东等地区拓展。这些地区可以作为你的"后花园"，在品牌已建立起强大的市场地位后，顺势拓展至这些市场。但对大多数品类来说，在达到一二十亿美元的营业额之前，品牌尽量不要离开欧美市场。

先拓品类还是先拓品牌

对于拓品类和拓品牌的问题，主要看企业起步的品类天花板有多高。

安克创新当年在做充电宝时，行业天花板并不高，所以在产品销售额达到 1 亿美元时，其战略是继续用"安克"这个品牌开发耳机、数据线等产品，这就是守住品牌拓品类。

耳机、数据线和充电宝一样，都是手机的配件，但是耳机的单价和市场潜力却远高于充电宝。在进入耳机行业后，安克创新就意识到需要一个新的品牌来匹配这个高天花板的行业。如果继续用做充电宝的"安克"这个品牌来做耳机，耳机的单价上不去，最多只能卖到 30~50 美元。于是，安克创新便将战略调整为守住品类拓品牌，推出了一个高端品牌 Soundcore（声阔），产品单价可达 160~190 美元，并且入驻了苹果手机店。

这么做的原理是什么？就是当品类天花板较高时，企业可以通过推出不同价位的品牌产品来覆盖更广泛的市场；但如果品类天花板较低，企业要做的就是利用已有品牌的沉淀能量，快速拓展到新的品类。

1. 守住品牌拓品类

在守住品牌拓品类方面，我认为企业首先应关注两点：一是关注人群的相关性，比如，卖充电宝的安克创新去做数据线、耳机，这是没问题的，因为用户人群是一样的；二是原有品类如果有明显的淡旺季，在拓品类时应该优先消除淡季。

嘉御资本在南京投资的卡佩希（Cupshe），是泳装产品的全球销量冠军。尽管如此，它的产品一年中也只有 4 个月销量好，即使后来将产品拓展到南半球，这个问题也仍然存在。后来，卡佩希花了两年的时间拓展品类，做出了非泳装产品，同时与旅游活动进行捆绑，最终才让每个月的销售额都有所增加。

当然，企业也不能为了消除淡季而忽视用户人群的相关性，而是要在关注人群相关性的基础之上再去消除淡季，否则你前面做的工作就是无用功。

2. 守住品类拓品牌

守住品类拓品牌的重点是关注产品价性比，而不是性价比。你为产品定好价，就要通过提升产品性能撑住这个价格。

比如，某新能源汽车公司卖出的前 1 万辆车肯定是没有利润的，但在第一个1万辆车卖完后，就能看到后续10万辆车的销售空间。供应商看到这么大的出货量，一定会让价格降下来。所以，企业无须担心前期在产品性能上投入成本太高，只要走通了，成本自然可以降下来，利润空间也就有了。

当企业选择做守住品类拓品牌时，有个口诀值得借鉴，即"价格乘2或除以2"，同一个品类中的两个品牌都是你的，如果价格只差20%~30%，就没有任何拓品牌的必要。只有建立一个新的价位带，抓住原来无法获取的那批用户，才能取得成功。

总而言之，单一品牌不要轻易拓展成为多品牌，因为每一个品牌背后都有需要投入的新资源。我的建议还是从小目标入手，可以单一品牌拓品类，但不要在销售额1亿美元以下轻易拓多品牌。也就是说，还是做"二选一"，拓品类的时候不要同时拓品牌，拓品牌的时候不要同时拓品类。同样，拓地区和拓渠道也要"二选一"。企业可以在每一个单一地区、单一渠道、单一品类、单一品牌都为自己设定一个小目标，做到1亿美元以上的销售额时再考虑下一步拓展。

独立站：为企业成为出海品牌"增效"

在跨境电商行业风起云涌的今天，独立站模式正逐渐成为众多出海企业寻求长远发展的战略选择。所谓独立站，就是由出海企业自主建立并运营的电子商务网站，它不仅能为企业提供一个展示商品、服务消费者的专属平台，还是一个能够深度塑造品牌、积累私域流量、优化利润结构的多功能平台。

有了独立站，出海企业不仅能更好地提升用户体验，还可以摆脱对第三方电商平台的过度依赖，自己掌握商业命运，实现品牌价值的最大化。比如，一些出海企业担心依附亚马逊等电商平台会让自己的销售渠道太单一，于是想通过独立站拓展销售渠道。这是不是表明，出海企业可以绕过亚马逊，直接从做独立站起步呢？

先做亚马逊还是先做独立站

先做亚马逊还是先做独立站，一直都是出海企业十分关注的问题。其实要做好选择并不难，企业只需要先弄清自己的商品品类是属于"亚马逊友好型"还是属于"非亚马逊友好型"。亚马逊是一个大的店铺，对很多商品友好，但对一些商品并不友好，所以品类就成为决定企业是做亚马逊还是做独立站的决定性因素。

"非亚马逊友好型"品类包括三大类。

第一类是时尚品类。如服饰、化妆品等，需要有更充分的图片与视频来进行展示，而亚马逊的界面和功能设计简洁，很难支持。因此，跨境快时尚品牌企业SHEIN和卡佩希都是从独立站起家的。

第二类是产品需要组合销售的品类。亚马逊属于"单品思维"，天然不适合需要组合促销的产品。比如新能源产品中，房车上的太阳能电池板、储能和控制器就是一个整体解决方案，属于组件产品。消费者在购买时，可能会一次性把三种产品都买了，但亚马逊并不支持消费者这样购买。

再比如家具类产品，包括致欧家居，有一些品类特别适合在亚马逊上卖，如单件的小家具。但致欧家居也卖成套的家具，如一张桌子带四把椅子，合在一起卖一个组合价，但你在亚马逊上这么操作，它就是不支持。

第三类是新、奇、特产品。消费者在亚马逊上购物是以搜索为前提的，这一前提就要求消费者必须事先知道产品的存在，并且知道产品的准确名称或叫法。然而随着产品的不断创新，消费者对很多产品是不了解或不知道的，这就无法通过搜索的方式来寻找和购买，也就无法在亚马逊上选购。

以上这些品类，都属于"非亚马逊友好型"商品品类。企业如果主营这类商品，独立站的优先级就会更高。

当然，独立站并不能解决企业拓展渠道的问题。独立站最大的挑战，是直接考验你的获客能力和营销能力。跨境电商在海外也卷得很厉害，获客成本居高不下，甚至有越来越高的趋势。所以，我并不建议出海企业在做完亚马逊后，马上就投入大量资源去做独立站，企业还有很多事情可以做。但这也不代表我反对出海企业做独立站，恰恰相反，我是鼓励企业做独立站的，并认为每个出海企业都应该有一个独立站。只是企业应首先明白一件事，独立站短期内并不能帮你营销，更不能帮你提升利润，它有一个循序渐进的过程。

做独立站的三个阶段

出海企业要做独立站，我认为应该分三个阶段。

第一个阶段：数据洞察阶段

独立站是跨境电商直接面对海外消费者的平台，可以帮助企业直接触达消费者，获得消费者对产品或服务的反馈，让企业能更加精准地对消费者进行分类、采集数据并应用数据，同时对新品进行测试，了解转化率，等等。

嘉御资本投资的卡佩希是一个经营泳装的公司，他们在独立站上测试了2张图片，一张是一位美女模特穿着卡佩希泳装在海边走，另一张是一位美女模特穿着卡佩希泳装，牵着一只小狗在海边走。最后发现，美女模特牵着小狗的图片转化率要远远高于没有牵狗的模特的图片。于是，他们就把亚马逊上同样的泳装陈列都变成了美女穿着卡佩希泳装、牵着小狗在海边散步的图片。这就是独立站测试出来的产品效果，可以拿到其他渠道迅速传播，提升产品转化效率。

在亚马逊等平台上销售时，企业是得不到这些信息的，亚马逊会把消费者所有数据切断，不让企业接触任何消费者信息。除了卖货，你根本不知道消费者是什么画像，但独立站可以。所以在这一阶段，独立站的销售并不重要，企业也不必在此阶段投入太多资金。

第二个阶段：商铺运营阶段

亚马逊上没有商铺概念，靠自营起家，严格来说，它更像一个超市，这也会废掉出海企业的商铺经营能力。相比之下，天猫叫 Mall，即"购物中心"的意思，它上面天然就有很多开店的，所以阿里巴巴不是自营，它会鼓励上面的商家把自己的店铺做好。

对独立站来说，在第二个阶段中最重要的事就是把独立店铺做好。一方面，你要做好客件数统计，并努力追求独立站的客件数大于同类产品在亚马逊上的客件数，最好可以达到乘2的效果。如果消费者在亚马逊上购买两三件商品，那么在独立站上，你就要想办法让他买4~6件商品。

另一方面，就是促进消费者复购，提升复购率。亚马逊上的复购属于被动复购，坐等老顾客上门，不允许你做任何让消费者主动复购的行为，否则就触碰了它的高压线。但是，你能从独立站上获取消费者信息，那就可以做一些主动把消费者拉回来的动作。同样，在独立站的复购率上，也要努力实现在亚马逊的复购率基础上乘2的效果。

如果独立站能将客件数和复购率都做到亚马逊指标的2倍，企业就可以增加投入去提升效率，追求销售目标了。

第三个阶段：创造收入和利润阶段

有了高客件数和高复购率，出海企业就有能力扛住高获客成本的压力，接下来就可以放量做销售，努力提升运营效率和产品利润了。

信息技术建设与物流全链路布局

出海企业要想促进独立站销售的持续增长，还要将信息技术建设与物流链路搞好。在信息技术建设方面，很多人的惯性思维是先前台，后中台，再后台，我的思路则刚好相反，我的建议是先后台，再中台，最后再建设前台（见图9-3）。

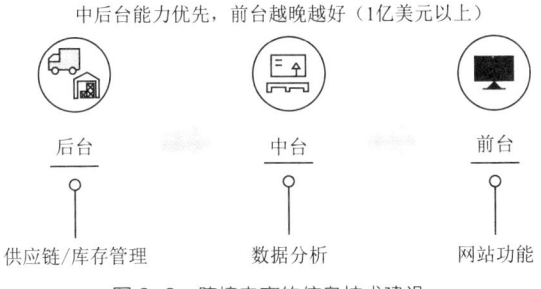

中后台能力优先，前台越晚越好（1亿美元以上）

后台　　　　　中台　　　　　前台

供应链/库存管理　　数据分析　　　网站功能

图 9-3　跨境电商的信息技术建设

后台为什么最先建？因为后台连接着你的供应商，是最快见效的。只要后台建好，你就可以快速做好产品管理、库存管理、运费管理等，获得产品支持。

对于中台建设，我建议你在亚马逊或独立站有了一定规模，并通过对各数据采集、分析，产生价值之后再建。

作为独立站最重要的后台与中台，供应链能力和数据分析能力需要不断进行优化和迭代。企业需要根据自己的产品和市场定位，灵活地采取相应的销售策略和促销措施，以提高销售额和利润，赢得市场竞争的胜利。

前台是消费者能够见得到的，也就是你建立起来的独立站，它可以放在最后建。其实，如果你的企业年销售额在1亿美元以下，我建议你用Shopify[①]就可以了，不需要急于做独立站。要做独立站，前台信息技术建设没有二三十人根本做不出来，并且你不使用Shopify的话，也根本不知道哪些功能是你想要的、哪些功能是你不想要的。你自己通过想象做出来的独立站，可能架构还不如小品牌。只有自己用过Shopify，才知道它上面有80%的功能可能是你想要的，那么你再做独立站、建前台时，就可以将这些功能借鉴过来；剩下的约20%需求Shopify无法满足，你再自行开发即可。

西方有一句谚语叫"Don't Reinvent the Wheel"，意思是"轮子已经发明了，没有必要再重复发明一次轮子"。我认为这句谚语对跨境电商品牌出海的信息技术建设同样适用，很多跨境电商

---

① Shopify，一个满足全球商家品牌出海多样化需求的SaaS（软件即服务）平台。

企业的信息技术团队,都喜欢把所有的模块重新做一遍。其实市场上已经存在各种优秀的模块软件了,如营销投放软件、进销存软件、仓库管理软件、客户管理软件等。真正的信息技术建设应该做的,是把市场上已经发明过的"轮子"组装成一辆"车",即如何打通各个平台,并使其建立互动,形成统一决策的内部中台,这才是最重要的。与其把别人花费很多精力做出的软件进行个性化调整,倒不如利用这些"轮子"组装成能让企业跑得更快的"车",这样才能有效提高企业效率。

除了信息技术建设,跨境电商的物流服务也很重要。你从亚马逊走出来后,就需要构建一个物流全链路布局(见图9-4),因为在海外做物流要比在国内困难得多,一旦做错,不但会把自己累死,还赚不到钱。我就见过很多做跨境电商的企业,即使把仓库费用、货运费用等都压得很低,把产品定价定得很高,利润也仍然很低,甚至没有利润。为什么?就因为企业把物流链路设计错了。

图 9-4 跨境电商要做物流全链路布局

举个例子，假如你的产品要运到美国，那为什么一定要运到美国西部，而不是东部、南部呢？你要运到欧洲，欧洲有那么多港口，你选择哪个最合适？你的产品到底有多少必须落在海外仓？这些都是需要你认真考虑和规划的。

我经常跟一些做跨境电商的企业创始人说，跨境货运的物流不要只追求单点成本最优，如果没有把全链路考虑清楚，最后带来的整体效果也不可能最优化。单点成本的优化，只能让你赢了每场战役，却输掉了整个战争。

10

个人成长效率:
趁年轻,去打造一只属于自己的"股票"

选择比努力更重要

虽然每个人的具体情况千差万别，我的成长经历也不是通用模板，但在职业生涯的选择中，人们总会遇到类似的问题：大学毕业后第一份工作如何选择？是否应该跳槽？哪个行业最具潜力？要创业的话，该如何选择行业和赛道？几乎每个人都会面临这些职业困惑。

我经常看到很多年轻人和创业者，每天把自己的时间排得满满的，非常辛苦，连睡觉的时间都快没有了，不断地学习各种新技能，不断地延长自己的工作时间，努力地去提高个人效率，殊不知在错误的道路上跑得越快，距离成功的目标就会越远。所以，我的观点一直都是：选择比努力更重要。

年轻人的就业途径比较多，他们可以直接选择一个自己喜欢的职业，也可以选择创业。不同的选择，也要有不同的思考。

选择职业要选"五新"

对刚刚踏入职场的年轻人来说,我一直强调他们选择职业时要选"五新":新行业、新公司、新部门、新岗位、新任务。新行业无疑是最有潜力的机会所在,但并非所有新行业都是机会,前提是要有自己的判断。

我学的是外语,外语使我能够对中国和美国,乃至中国和全世界进行对比。我相信,既然某些行业在国外已经取得了成功,那么中国这些新兴行业在未来也极有可能会出现爆发式发展。这个判断的逻辑其实很简单直接。当然,不是每个人都如此幸运,正好赶上一个充满潜力的新行业出现。

如果你找不到一个新行业,也可以选择进入一家新公司。当年,我在投行这个老行业中轮转,五六年后又回到东方证券。虽然这个行业已有一定的历史,我却选择了东方证券这样一家刚刚成立的新公司,成为公司创建后的第一批员工。这使我能够担任投行业务负责人,我也获得了极大的成长机会。当时我才28岁,如果没有选择这家新公司,我可能不会得到担任这个重要职务的机会。所以,如果能够进入一个新行业,当然是最理想的,但进入传统行业中的新公司,同样充满机遇。

如果新行业和新公司都找不到,那么进入一个新部门也是不错的选择。以我儿子为例，他从麻省理工学院毕业后进入了老牌咨询公司 BCG（波士顿咨询公司），但在我的建议下，他选择了 BCG 的 Garma team 这个重点放在数据科学的新部门，如此他就可以避免与那些资历更深的团队前辈直接竞争，进而陷入内卷。

再退一步，如果连新部门都没有，那你可以在现有的基础上去争取新岗位和新任务。就像我儿子刚开始工作时，我建议他主动承担新任务，寻找能够拓展自己能力的岗位和任务。这样可以避免他被拿来与师兄师姐做比较——即使你很强，你的前辈大概率也一样优秀，要想在内卷中胜出，是极其困难的。

职业选择的关键是选择"五新"，这样才能在工作中脱颖而出，寻找到更多的机会。

创业要关注赛道与技术

如果你不选择就业，而是选择创业，那么创业赛道上的选择同样比努力更重要。

在选择创业赛道时，我建议你既要客观地关注这个赛道的外部潜力，更要关注赛道内部，看自己能不能通过新技术、新模式的开发和运用，为这个赛道的用户创造新的价值。同时，还要关注自己能不能通过新技术、新模式、新的组织方法等，在赛道中跑出一辆效率更高的新型"赛车"。

跳槽要"换行不换岗"或"换岗不换行"

对年轻人来说，就业和创业各有利弊，而一些年轻人在就业一段时间后可能会纠结自己要不要跳槽。

对于这个问题，我的观点是：换行不换岗，换岗不换行。如果既不换行也不换岗，通常你会获得晋升或加薪，但你的下一任老板一定会利用你的长板。比如，你在一个行业内做销售，跳槽去了同行业中的另一家企业，即使你做了销售总监，你的销售长板被不断放大，但你除销售以外的其他短板也一直无法得到补充和完善。

我们知道，一个木桶能装多少水，取决于水桶上最短的那块木板。同样，一个人的成长也不是由你的长板决定的，而是由你的短板带来的限制所决定的。如果选择换岗不换行，你就既能保证自己对行业的理解和沉淀，同时换了岗位还有可能补长自己的短板。你既没有完全继承自己的过去，又没有完全抛弃自己的过去，一切从零开始。

如果选择换行不换岗，比如，你在一家企业担任CFO，跨一个行业后,你还是很好的 CFO,但毕竟换了行业,你在保留自己专业的同时,还拓展了在不同行业的知识面。这样的跳槽就是可行的。

又换行又换岗,肯定是起步最难的。我们要坚持做到换行不换岗或者换岗不换行。

和谁在一起也很重要

如果说选择比努力更重要,那么选择和谁在一起对你来说也同样重要。选择与正确的人在一起,他们可以帮助你做出很多正确的选择;如果你做出了正确的选择,那也应该更清楚和谁在一起。

我发现现在有这样一种现象:很多人会把时间花费在各种各样的社交活动中,比如同乡会、同学会等,这有没有用呢?西方有一项调研,说一个人的水平就是他花最多时间打交道的 5 个人的平均水平。所以,如果你想让这种社交对提升自己有用,就要选好花最多时间打交道的 5 个人,他们会决定你将成为什么样的人,而你也能通过他们找到自己身上的不足,同时找到自己努力改进的方向。

职场 30 年：管理好人生的财务报表

每个人的职场生涯都如同一场长跑，从 20 多岁开始工作到五六十岁退休，30 多年。而这 30 多年，恰好可以分为三个 10 年，三个 10 年就像人生的三张财务报表。

在我的职业生涯中，有一段时间是做财务工作的，这使我常常把人生和财务报表做比较。我们常说的财务报表有三种：损益表（statement of profit and loss）、资产负债表（balance sheet）和现金流量表（cash flow statement）。

事实上，职业生涯的不同阶段，我们最需要关注的财务报表也有所不同。

第一个 10 年：资产负债表阶段

大多数年轻人在做职业选择时，往往过于关注损益表，也就是看哪家公司给的工资更高。因此在跳槽时，工资的高低常常成为决定因素。

但我想提醒年轻的朋友们，职场上的第一个10年，最重要的并不是"损益表"，而是如何提升自己人生的"资产负债表"。如果你考虑跳槽，建议先将对高工资的执念暂时放一边，把目光放得更长远些。

什么是人生的"资产负债表"？它不仅指你拥有的知识和专业技能，还包括你积累的人脉资源。知识和技能是你的"资产"，而你尚未掌握的东西则是你的"负债"。这就好比木桶理论，资产是你的长板，负债是你的短板，你的职业上限往往取决于你最短的那块板。管理好自己的"资产负债表"，就是不断增加资产（长板）、减少负债（短板），做到这一点，你的职业生涯才会有坚实的基础。

在考虑跳槽时，你应围绕如何改善"资产负债表"来做决定。理想的情况是"换行不换岗"或者"换岗不换行"。如果你既不换行业也不换岗位，那么下一家企业很可能会根据你擅长的部分（长板）给你加薪，但这并不能弥补你在其他方面的短板。

例如，如果你从一家公司的销售经理跳槽到另一家公司担任销售总监，且这两家公司在同一行业，那么你的下一位老板会利用你的长处，自然也会给你较高的工资。但你的短板还在，你的职业上限没有突破，接下来你的职业发展会遇到天花板。所以，第一阶段的重点应该是消除短板，减少职业生涯中的"负债"。

如果你换行业但不换岗位，情况就会大不相同。

例如，你一直在担任财务总监或财务经理，但选择跳槽到不同的行业，这样你不仅能继续发挥自己的长处，还可以学习并弥补自己在新行业中的短板。反过来说，如果你选择换岗位但不换行业，比如在快消品行业，你从销售转向市场或运营，你也能在相同的行业中积累多元化的技能，补长各个岗位的短板。

我的第一份工作是在投行，后来为了补足自己财务知识上的短板，就选择加入了普华永道。虽然这条路很少有人走——大多数人是从"四大"跳槽到投行，我却反其道而行之。但正是因为我意识到自己的财务知识基础薄弱，才决定暂时放下短期收益，去补上这块短板。

在职业生涯的第一个 10 年，是"带薪学习"的阶段，你虽然在工作，但更重要的是学习和积累。从这个角度看，在这一阶段，不要过于关注工资的高低，而是应该专注于如何提高自己的资产，补长短板，为下一个 10 年的"变现"做好准备。

就像我常对我的大儿子说的，刚毕业时，每年工资增加几千美元，平摊到每个月实际生活中的差别可能并不大，几千美元的差距并不会显著影响生活质量。但如果你能在第一个 10 年里补长短板，提升个人的"资产负债表"，那么到了第二个 10 年，你的职业和收入状况将与同龄人拉开显著的差距。

第二个 10 年：损益表阶段

在职业生涯的第二个 10 年，重点从积累转向变现。在第一个 10 年里，你已经通过提升个人的"资产负债表"积累了足够的知识、技能和人脉，那么接下来的问题就是如何将这些"资产"变现，或用专业术语来说，就是如何"monetize"这些资产（将非货币资产转换为货币资产）。这是人生第二个 10 年需要重点考虑的问题。

如果在第一个 10 年内，你所在的公司已经认可了你的价值和贡献，你的"资产"在公司内部得到了充分的体现，那么你可以继续留在同一家公司，等待时机去实现这些价值。但如果公司并没有给你提供这样的机会，这并不意味着你的积累会白费。实际上，这些"资产"是你个人的财富，没人能够剥夺它们，你可以带着它们去任何地方，去新的公司或者行业实现你的职业价值。

第二个 10 年，我们可以称为损益表阶段。大部分人到这个阶段时，年龄在 33~34 岁，通常会伴随人生中的重大事件：组建家庭、购置房产、养育子女等，所有这些都需要大量的资金。因此，在这个时期，"损益表"的作用变得至关重要，你必须开始考虑如何通过工作获得更高的收入，以应对生活中的重大支出。

在这个阶段，关键是要最大化地利用你已经积累的能力和资源，发挥出对社会、公司以及职场的最大影响力。举例来说，一个财务领域的从业者，经过"四大"或"六大"[①]的培训，有可能在 10 年内成长为 CFO。然而，在哪家公司做 CFO，甚至是否有机会成为 CEO，会对你人生的"损益表"产生重大影响。十几年前你是在一家零售企业做 CFO 还是在 BAT 这样的互联网巨头公司做 CFO，结果会大不相同。

因此，在第二个 10 年里，除了培养你的能力，还要做出一个关键决定：你选择在哪个行业和哪家公司实现你的职业价值。这不仅影响你的收入，还决定了你未来的职业高度。

我的第二个 10 年，正是在阿里巴巴度过的，这段经历是我职业生涯的一个损益表阶段，也实现了对自己能力和价值的变现。

第三个 10 年：现金流量表阶段

进入职业生涯的第三个 10 年，重点要转移到你的"现金流

[①] 除了四大会计师事务所，还有立信会计师事务所和天健会计师事务所。——编者注

量表"上，甚至要为未来退休后的生活做好规划。对很多年轻人来说，退休似乎还遥不可及，但实际上，这个阶段的准备工作越早开始越好。

在第二个10年，即使你有不错的损益表，未必就有稳定的现金流。我在阿里巴巴工作时，虽然手中持有股份，但那时这些股份并不能立即变现。因此，只有在十多年前创办嘉御资本，开始真正进行投资时，我才首次主动管理自己的现金流。正如很多人所说，这时才算真正开始了"理财"。

在第一个10年乃至第二个10年，不要太急着理财，尤其是投身股市，因为有可能越理财越少；相反，你应该"理时间"。在阿里巴巴期间，我参与的就是"印制"阿里巴巴的股票。当你还有机会"印制"自己人生的股票时，应该把精力集中在这上面，而不是购买别人的股票上。

20年后，随着年龄的增长，你可能不再有机会"印制"第二只"股票"。这时，你可以选择帮助他人，无论是在企业管理、个人成长还是在财务投资上，赋能他人都会成为一种新的价值创造方式。通过这种方式，你可以建立一个更长期稳定的现金流，为未来的生活提供持续的保障。

如今的年轻人与我们当年面临的挑战有所不同，但人生三张财务报表的基本原则依然适用。第一个10年，专注于提高

"资产负债表",积累知识、技能和人脉;第二个10年,考虑如何通过"损益表"实现这些资产的变现;第三个10年,你需要通过良好的规划,确保未来的现金流稳定。即便时代变了,这个框架也是职业生涯规划的坚实基础。

效率为王

定期做好规划与复盘

在个人成长过程中，我们免不了会犯一些小错误，但应该像上学时那样，要有"错题集"，避免让自己犯同样的错误。中国有句古话，叫"吾日三省吾身"。一天反省多次可能频率太高了，但我觉得在个人成长中，至少做到"每年三省吾身"，学会定期为自己规划和复盘，这样可以帮助我们寻找自己的现在与过去、自己与他人之间的差距，并看看自己有没有偏离原来的3年、5年乃至10年的成长规划路线，从而定期做好新的人生规划和成长规划。

做好成长规划

如果放眼10年，应该对自己做好成长规划，也就是你在某一个岗位或某一个职级上，应该为自己规划一个"毕业时间"。

比如，很多人做销售，随着销售业绩越来越好，收入也会与日俱增。但是，如果他不愿意去做销售主管，那么他永远也只能是一个大销售，个人成长上不会有任何突破。

在这种情况下，我的建议是给自己做一个明确的职业规划，比如从销售转变为管理几个销售的销售主管，再从销售主管做到销售经理、销售总监等。原则上来说，在任何一个岗位上都不要让自己停留，既要保证至少工作一年，但也不要干3年以上。如果你已经在销售岗位上工作五六年了，那你就要问问自己，自己的下一个规划还是销售吗？有没有可能转一下岗位，如转到营销岗、产品岗等？

我在大学毕业时，就曾给自己做了一个10年规划，也就是原则上要让自己在一两年内获得升职或转岗的机会，不在同一个岗位上做同样的事情超过3年。无论是职场人还是创业者，最终决定你成功与否的关键因素之一，就在于你是否有科学的成长规划。

工作与生活的平衡：小平衡、中平衡和大平衡

有关工作与生活的关系，人生有三种不同的"平衡"：小平衡、中平衡和大平衡。

小平衡是指你每天都很有节奏。每天工作 8 小时，甚至不到 8 小时，剩下的时间享受生活，比如在加利福尼亚的阳光下放松、打几小时游戏、追几部剧，每一天都很舒适、平稳。

中平衡是一种年度的节奏。你可能一年中某几个月非常努力地工作，但到了假期就会彻底放松。我管理过很多欧洲的员工，他们工作时非常拼命，但到夏天时一定会休息，圣诞节时更是毫不犹豫地休上两周假。他们追求的是一年内的中平衡。

大平衡是我追求的人生平衡。回顾我前 10 年的职业生涯，就像是在带薪学习，每天工作十三四个小时，生活和工作完全不平衡。但正因为如此，才让我有了今天的成就。现在，我可以在加利福尼亚悠闲地待上两个月，真正享受生活与工作的平衡，获得更大的自由。

我有不少中学同学也非常优秀，但有些人在美国生活多年，心态却不太好。我对他们说："你们早就实现了很多年的平衡，你们每天追求的是小平衡，而我选择放弃了这些小平衡，才换来了今天的大平衡。"

我自己选择了大平衡的道路，并且一直和我的家人分享这个理念。当年我在百安居接任 CEO 时，原本是 CFO 的我生活已经有了一定的平衡，但为了迎接新挑战，我决定打破这种平衡。我曾承诺，每年都要比上一年多休一天假，做到第五年时，我的年假已经超过 15 天。

后来去阿里巴巴时，我又和家人达成共识，生活的平衡会再次被打破，但我坚信，这种短期的失衡会换来长期的更大平衡。

趁年轻的时候，不妨尝试追求一些更大的目标，即使需要牺牲一些小平衡，至少你也可以尝试保持中平衡，但最理想的是能追求一个属于你人生的大平衡。职业生涯的三个 10 年，第一个 10 年注定是没有小平衡的，主要是以工作为重，生活可能会失衡；第二个 10 年可能会达到某种中平衡；而到第三个 10 年，你就可以享受真正的大平衡了。

当然，每个人都有自己的选择，选择小平衡没有错，也没有人可以责怪你的决定。最重要的是尊重自己的选择，不要后悔。如果你今天选择创业并追求 20 年后的人生大平衡，那么你就不应该羡慕那些每天只工作六七小时的人。反之，选择小平衡的人也不应抱怨或后悔。每个选择都值得被尊重，关键是无悔于心。

寻找导师，而非等待伯乐

很多人总觉得自己一身本事、一身能力，就差伯乐发现自己了。但我认为,与其等待伯乐、寻找伯乐,不如寻找自己的人生导师。

古人云:"三人行,必有我师焉。"导师不需要太多,在人生不同的成长阶段,有几个能给予你指引和帮助的导师就很好了。比如,你的职业在小学阶段,那就应该有优秀的"小学老师";你的职业在中学阶段,就应该有一个"中学老师";你的职业在大学阶段,就应该有一个优秀的"大学老师"。

学校是这样,工作以后人生不同的成长阶段也需要有导师。很多人喜欢参加各种所谓名人"大咖"活动,希望结识有实力的人,其实这些"大咖"对你来说可能是个"大学老师",并不能给当前阶段的你提供有效帮助。与其如此,倒不如认认真真向自己的经理、总监学习,因为此时你可能只需要一个优秀的"小学老师"就够了。

我一直没有所谓的伯乐,进入任何一家公司都是靠自己。我这辈子从没被猎头挖过。我常说猎头就像媒婆,负责撮合,但并不意味着"婚后"一定幸福;我去任何企业都没有人推荐,从加入百安居到后来进入阿里巴巴,全是我的自主选择,没有贵人推我一把。

即便你是千里马,也得自己跑起来,尤其是在值得你展现自己的人面前跑一跑,这样才有机会被看到。我的一位导师曾对我说过一句影响深远的话:"你这一生要趁还能印'股票'的时候赶紧印。当你再也印不出自己的'股票'时,再去考虑投资别人或理财。"

我所说的导师,并不一定是你正式拜的师傅,他们可能出现在书中,也可能出现在电视广播节目中。导师不一定非要是某个具体的人,关键在于你能否从一场短短的交流中领悟到一句对你特别有用的话。如果有,那就去实践,因为学习的关键在于"习",就是要去实践练习;如果你不去实践练习,那么学再多也是无用的。

年轻时,我也接触了很多行业"大咖",但我从不迷信他们的每一句话。只要他们说的一句话让我感悟深刻,我就会认真去做,并从中汲取经验,久而久之,我就积累了许多不同的导师,每位导师都会给我留下一两句深刻的话。这些话语塑造了我的人生。

我也不相信任何人的人生轨迹可以被复制。每个人的选择都应基于自己的感悟,只要一句话能打动我,我就会去实践看看。

书也是好老师,很多年轻人都给自己制订了读书计划,每年一定要读完多少本书。我觉得与其读很多书,不如找到一本值得一读再读的书,因为很多书中的理论有可能是相互冲突的。与其给自己造成这样的混乱,不如寻找一些好书,在人生的不同成长阶段定期地读一下，你会发现，在不同的人生发展阶段，你会对书中的内容有不同的感悟，从书中汲取到不同的营养。

希望《效率为王》一书，也能成为一本你一生不止读一遍的好书。在人生的不同阶段读，都能让你获得不同的感受和成长。

效率为王

卫哲 著

中信出版集团|北京

锅圈食汇
效率为王的"道""理""术"

2023年11月2日，锅圈食品（上海）股份有限公司（以下简称"锅圈食汇"）在港交所主板挂牌上市，成为港股又一家万店连锁的上市公司，这是嘉御资本在消费赛道斩获的又一个IPO（首次公开募股）。锅圈食汇成立于2017年，短短8年已升级为社区餐饮数字零售化知名企业。

2019年，我们是在嘉御资本和创业黑马合作的创业效率实验室中发现了锅圈食汇的创始人杨明超，当时他作为所有学员中最后一个发言的人介绍锅圈食汇，给我们团队和我本人都留下了深刻的印象。

当时，锅圈食汇已经发展到拥有1000多家门店，并且走出了河南，做到了多省覆盖。我们印象最深的是锅圈食汇在效率方面的表现非常突出：它的加盟商关店率非常低，单店回本周期短，这些都证明其单店模型非常好，也证明它给加盟商带来了很好的回报，是个健康的模型。而且，它开创了一个全新的消费场景，可以说是一个品类的开拓者，同时又非常注重供应链效率优势的培养。加之杨明超和锅圈食汇团队是开连锁火锅店出身的，对产业链和连锁业都很熟，从人、事匹配度的角度来看也是相得益彰，能充分发挥连锁企业的效率优势。

锅圈食汇当时也面临一些挑战，比如对团队、组织的管理不够完善，发展战略也不够清晰。不过，我们经过评估后，还是坚决地投资了锅圈食汇。

2020年，嘉御资本参与了锅圈食汇的B轮融资，此后连续三轮重仓投资锅圈食汇，并由我带领嘉御资本团队，为锅圈食汇提供了终端门店新零售的战略打法指导。

锅圈食汇的"道"

打造高效企业的根本并不在于细微的技术环节，而在于企业商业逻辑的起点。如果起点错了，配以再高效的经营细节，也只是南辕北辙。经营之道的第一件事就是明白什么钱该挣，什么钱不该挣。就餐饮行业来说，触碰食品安全底线的钱不能挣。锅圈食汇目前有1万多家门店，如果1家门店出现食品安全问题，通过互联网的发酵和放大，很快就会波及所有门店，所以锅圈食汇始终把食品安全定位为全公司的高压线，不能触碰。

锅圈食汇经营之道的核心定义就是"利他"。"利他"是指利谁呢？一是利消费者，二是利加盟商，三是利员工。

对于消费者，锅圈食汇一直坚持"好吃不贵"的经营原则。我曾经问锅圈食汇的创始人杨明超："你的产品净利润想做到多少？"杨明超说："我的使命就是（把产品做到）好吃不贵，净利润率做到6%就够了。"超过6%的利润虽然也能做到好吃，但价格就贵了，这违反了杨明超的价值观。同时，锅圈食汇也不会简单地与同行进行价格竞争，而是坚守自己的"家"，即坚守自身品牌的价格定位，通过提升产品用料，提供更高的价性比。做企业绝不是竭泽而渔，而是要追求利润、追求效率，更是要让消费者感知到产品的价值提升。

对于加盟商，锅圈食汇在门店经营的方方面面都会为它们提供支撑，与加盟门店一起服务消费者，实现公司与门店的双赢。同时，为了提升整体经营效率，锅圈食汇还启动了"脱贫致富"攻坚战，把淘汰年销售额150万元以下的门店作为公司的头等任务，现在很少有公司能够做到这样。

对于公司的员工，锅圈食汇为他们搭建了发展的平台，让员工能力和收入持续增长。对于门店员工，加盟商也要帮助他们成长，鼓励员工努力变成店长，让其收入有所增加。

总之，利他精神成就了锅圈食汇的消费者、加盟商和员工。这也是锅圈食汇价值观中反复提到的：客户第一，员工第二，股东第三。"利他"最大限度激发了锅圈食汇商业生态中的所有参与者，是其效率提升的动力之源。

锅圈食汇的"理"

在投资之前，我们就和杨明超团队梳理出了一个"万店战略"，这在当时是超出团队想象的。

投资后，我们一方面建议锅圈食汇完善组织，提升组织效率——不仅要在河南郑州设立总部，也要建立上海总部，以便吸引一些优秀的中高层人才。杨明超对此也非常认可，他们把总部搬到上海之后，很快便有一批中高级人才加入进来，完善了组织。

另一方面，我们也帮助锅圈食汇清晰明确了如何实现万店连锁，并且通过压力测试的方法，帮助他们找出组织短板。

一直以来，嘉御资本都注重资本的效率，有一套风格独特的"投资+赋能"提效策略——拒绝小而美，拥抱高大上。前半句"拒绝小而美"是嘉御资本选择被投企业的通用标准：不投从0

到 1 的企业，也不投那些只想开几十、几百家门店的品牌，只对那些从 1 到 N 阶段、有志于拓展出成千上万家门店的消费型企业感兴趣。后半句"拥抱高大上"是嘉御资本的一套陪跑方法论，主要用于帮助被投企业快速扩张至万店规模。"高大上"三个字再展开来说的话，又可以分为三步，即高目标、大愿望、上速度。

1. 高目标

首先，公司一定要设立高目标。

我经常说，伟大的公司必须真的大，这个"大"要体现在市值上。你的销量上不去，利润率再高，影响力也是不够的。关于高目标，我们有句口号："市值到财务，财务到业务，业务到市场，市场到组织。"

怎么实现这句口号呢？

第一步就是先实现"市值到财务"，这一步是最容易实现的。

遵循效率为王原则，我们先要学会算账。火锅食材没有高科技，锅圈食汇要做到千亿元市值，就必须做到 30 亿 ~40 亿元的年利润支撑。按照"好吃不贵"的 6% 的净利润率计算，30 亿 ~40 亿元的年利润需要 600 亿元左右的年销售额（600 亿元 × 6%=36 亿元）。当企业做到这个水平时，企业的估值泡沫往往被挤干净了，市场就会给出合理的估值。这应该就是一家千亿元市值的公司了。所以，"市值到财务"很容易。

第二步是"财务到业务"，这一步比较复杂，即600亿元的销售额和36亿元的利润是怎么来的？

我们投锅圈食汇时，它有1000多家门店，单店销售额在100万元左右。如果单店营收不涨，600亿元的销售目标就需要开设6万家门店。先不说这个数字对与错，我们反推一下：中国有多少个品牌做到了6万家门店？经过考察，我们发现跟餐饮相关的品牌中，门店最多的是正新鸡排，也只做到了将近2万家门店。从这个考察结果来看，当时中国没有能做到6万家门店的餐饮企业。

于是，我们就保守一些，先把目标定在2万家门店。中国有近3000个县级行政区划，算完以后，2万家门店真的可以。而要开设2万家门店、达到600亿元的销售额，单店销售额就要达到300万元。

我们把中层干部叫过来沟通，把这个目标告诉他们，问他们能不能做到。当时我们提的问题是：1家门店服务1000个家庭没问题，1个家庭花3000元有问题吗？大家都认为有问题，而且问题相当大。因为锅圈食汇的客单价是100多元，3000元意味着1年要购买30次，这几乎做成了周活，即客人几乎每周都要来消费一次。但火锅领域消费的周活是很难达到的，面向大部分家庭的产品能做到月活就不错了。所以我们把这个目标推翻了，变成了一个门店服务3000个家庭，每个家庭每月花100元。经过分析，这个目标是有可能达成的。3000个家庭会员，每个会员1年消费1000元，单店销售额就是300万元，再乘以2万家门店，做到供应链守住6%的净利润率应该不难。

上述就是第三步"业务到市场"，就是把你的业务目标拿去市场检验一下，看看是不是能成立。

锅圈食汇当时已经不需要做市场检验了，因为它已经有一些单店做到了300万元的销售额。而在我们和锅圈食汇合作6个月后，它更加稳定地实现了每月开300家门店、每年开店数达到3000多家的目标。这说明，我们的业务目标是完全成立的。

第四步是"市场到组织"。如果业务到市场是成立的，实现战略就要通过组织梳理了。

首先，嘉御资本旗帜鲜明地反对二级代理模式。在我们投资的所有企业中，目标都是要彻底消除省级代理、区级代理这类二级代理模式，一个都不留。因为二级代理模式不容易统一战略与行动，会影响门店经营与扩张的效率。

其次，最理想、最高效的加盟规模比例是在1∶3到1∶5

之间。我们对加盟商的期望，从来不是让他们仅仅开一家门店就止步，而是鼓励他们拓展到 3~5 家门店。大家可以参考一下行业内的优秀标杆，比如蜜雪冰城，它当时有将近 4 万家门店，但加盟商的数量才 1 万多一点，算下来，平均每个加盟商也就管理 3~4 家门店。我们投资的锅圈食汇，比例在一比二点几。

所以，这里说的 1∶3 到 1∶5 之间，不是指一个店长管理几个门店，而是指一个加盟商拥有 3~5 家门店，这是最理想的状态。原则上，我们希望加盟商老板能够保证每周有一到两天的时间深入每一家门店。如果一个加盟商有 5 家门店，一周 7 天，每天跑一家门店，时间就安排得比较合理。如果指望店长来管理 5 家门店，那几乎是不可能的。5 家门店肯定需要配备 5 个店长。

但是，这里面又有一个更深层次的问题——如何给团队希望？我们不仅要给自己的团队希望，也希望我们的加盟商能够给他们的团队带去希望。当一个年轻人加入一家锅圈食汇门店，成为店员的时候，我们就希望加盟商能够告诉他："小伙子，好好干，未来你也有机会当店长！现在你可能只是三个店员之一，但未来，当你成为店长时，你手下也会有三个店员。"这样一代代传承下去，才能形成良性循环，给年轻人晋升的希望。

但是话说回来，一个加盟商管理 3~5 家门店，确实是一个比较合理的上限了，再多就容易顾不过来，会降低管理效率。

效率为王

就中国的市场环境和加盟商的普遍管理水平而言，3~5家门店是一个最佳平衡点。所以，锅圈食汇和沪上阿姨都曾提出过，未来门店发展到两三万家的时候，它们希望加盟商的数量控制在1万个左右，平均每个加盟商管理3家门店。这真的是一个非常理想的愿景。当然，过去也存在极个别加盟商能够管理一二十家门店的现象，但这绝不是我们鼓励的、可复制的发展方向。

我们重点要发展的是那些能够把2~3家门店经营好的加盟商。那些永远只能开一家门店，没有能力拓展第二家门店的加盟商，该淘汰的就要淘汰。因为单店不可持续，本质上是团队没有希望，店员看不到晋升的希望，永远无法当店长，这样的门店是没有生命力的。这就是"二店率"的重要性。所谓二店率，就是每新开100家门店，至少有50家是由老加盟商开设的。最理想的状态是要将二店率提高到50%以上。提高二店率，能够有效解决新店培训和管理方面的大部分问题。因为老加盟商已经接受过系统的培训，积累了丰富的运营经验，他们自身就具备了复制成功的能力。所以，二店率是一个非常重要的指标。嘉御资本在投资连锁企业时，第一件事就是要着手解决二店率的问题。如果你现在有1800家门店，且二店率能达到50%，那么每年新开1000家门店，压力就不太大了。

当然，在1800个加盟商中，不可能个个都具备开二店的水平，关键是要把那些有能力、有意愿开二店的加盟商迅速筛选出来，重点扶持。例如，目前米村拌饭的组织模式，有点类似于名创优品和联营模式的结合。联营模式的本质，就是将单店联营升级为二店、三店联营，甚至多店联营。这需要在组织架构、激励机制等方面进行系统设计，引导加盟商向多店经营模式发展。就像你现在跟员工联营一家店，你要给他设定清晰的晋升路径和激励目标，告诉他单店业绩达到什么程度，公司就会支持你联营第二家店。联营二店，其实就相当于加盟商的"加一"策略，本质上是异曲同工的。

而保留省级代理或者区域代理就会出现两种不利局面：一是如果加盟商做得不好，就可能白白占着区域，浪费资源；二是如果加盟商做得太好，又可能形成"诸侯割据""尾大不掉"的局面——翅膀硬了，自立门户，甚至反过来跟你叫板。这些都是潜在的风险。

最后，在扩张过程中，核心问题就是选址。关于选址，核心方法就两个字：测试。我强调过很多次，选址一定要做数据测试，至少要做两种变形的测试，区分流动人口和常住人口。要搞清楚，你的门店到底更适合开在流动人口集中的区域还是常住人口集中的区域。

企业要认真分析现有门店的数据，仔细研究哪些是流动人口店，哪些是常住人口店，哪些是两者兼具的交叉型门店。那些既想做流动人口生意，又想做常住人口生意的门店是最不值得参考的，因为它的模型不清晰，定位不聚焦，很难总结出规律性的东西。真正有价值的是那些纯粹的常住人口店。

当你把常住人口店的数据分析透彻，模型跑通了，那么，以常住人口为核心进行选址，并控制好相应的点位租金，才是真正可持续的扩张模式。为什么说常住人口店更好选？在一个成熟的社区，好的商铺位置就那么多，同一条商业街，位置差个二三十米，客流量和租金可能就会有很大差异。在大型购物中心里，一楼和二楼的位置更是天壤之别。所以，流动人口店的选址是非常难的，需要精确计算人流动线、客群属性等复杂因素。而常住人口店的选址相对而言就容易多了，只要在成熟社区周边人流稳定的区域选址即可。如果你的品牌已经建立起一定的知名度和美誉度，在县城市场，甚至可以实现"随便选址"。当然，这只是一句玩笑话，但它也说明了常住人口店选址的可复制性和可控性更强。

2. 大愿望

要把高目标翻译成大愿望。

高目标设定后，接下来就要把高目标翻译成大愿望。

2007年全年，淘宝GMV（商品交易总额）超过了400亿元，但设立的目标是做到1万亿元。后来，我们把这个目标翻译了一下，就是"帮助100万卖家每年GMV过100万元"，两个100万相乘就是1万亿元。

当时淘宝只有几万个卖家每年能达到100万元的销售额，然而当我们喊出"帮助100万卖家每年GMV过100万元"时，每一个卖家都觉得这个目标跟自己有关系，淘宝定的目标是正确的。同时，员工也觉得这事靠谱，因为已经有几万个卖家一年达到100万元销售额了，既然有能达到的，日拱一卒，日积月累，每个月搞几千、几万元，肯定能搞出100万个卖家。

所以大愿望是什么？就是换一个角度看问题，把利己目标翻译成利他目标，我们叫"对客户有价值，让员工有抓手"。

我特别不赞同有些公司说，"我的公司目标是《财富》500强"。我说，这个"500强"跟你的客户有啥关系？跟你的员工有啥关系？你自己要做多少市值、多少利润呢？高目标没错，但你要把高目标翻译成大家的大愿望才行。

比如，锅圈食汇的目标翻译过来就是：服务好6000万个中国家庭，做到好吃不贵；让1万个加盟商成为中国最幸福的加盟商。我们要开设2万家门店，每个门店服务3000个家庭，加起来就是6000万个家庭。我们要做的，就是让6000万个家庭每月消费一次。同时，我们还要让1万个（人均2~3家门店）加盟商幸福。什么是幸福呢？就是"利"和"名"这两个字。

在"利"的方面，我们的定位是让合格的加盟商在12个月内回本，后来又努力做到让加盟商6个月就回本，这样加盟商的幸福指数就会大幅度提升。

在"名"的方面，在加盟商大会上，我们要给加盟商荣誉，给加盟商戴大红花。因为中小企业往往是没人在乎的，但是你要让他们感到有尊严、感到被尊重。

有了钱，又有了尊严，这不就是幸福吗？

使命能够实现，这就是大愿望。

3. 上速度

最后，用压力测试方法论上速度。

有了目标和愿望还不够，还要把速度打上去才行，拉满经营效率的阈值。嘉御资本有一套自己的提速策略，就是"以终为始，压力测试"。比如我们刚刚投资锅圈食汇时，它的开店速度是每个月60~70家门店，后来我们定的目标是每个月开300家门店，那我们就以此为目标做一次压力测试，也就是先假设达成这个目标，中间会遇到哪些困难，以及要解决哪些问题。

怎么做压力测试呢？

首先是召开战略务虚会，我们把锅圈食汇各个部门的中层都叫来，对大家说，我们现在假设锅圈食汇一个月要开300家门店，每个部门遇到的最大问题是什么？然后让每个部门领几张纸，把自己的困难都写出来。

比如，供应链部门提出"牛羊肉找不到"；招商部门提出"店长找不到，加盟线索不够"；信息技术部门提出"信息系统支撑不住"……各个部门把自己的困难都提出来，但是先不要抱怨，而是把自己的困难量化。比如，供应链部门可以提出"一个月新开300家门店，具体需要多少牛羊肉"；招商部门提出"具体需要多少个店长、多少条加盟线索"；等等。

接下来，各部门可以提出，要完成目标，你需要公司为你提供哪些资源。好的目标就是需要每个团队都有数字、有时间、有资源、有政策，目的都是完成同一个目标。同时，公司提供了这些资源和政策后，你要多长时间才能把面临的困难都解决掉，最终搞定一个月开设300家门店的目标。各部门还要把时间列出来。这样同步组织内的目标，可以减少内部摩擦。有效畅通的沟通是高效运行的基础。

最后一步是拉齐时间表。有的部门拿到资源后，可能3个月就把困难解决了，有的部门可能需要9个月甚至1年。这时我们就要尽量拉齐各部门的时间表，比如全部拉到6个月，然后把目标和时间写在纸上、贴在墙上，提醒每个部门都时刻记住自己的目标。

会议结束后，大家就会忘记每个月开300家门店的任务，而是只专注于一件事，就是把定性、定量的问题全部解决掉。这还不算完，各个部门每个月还要一起对齐一下时间表，看看自己完成到哪一步了，都别掉链子，别拖后腿。

开完这个会后半年的时间里，每个月新增开店数还是高高低低，直到第七个月，见证奇迹的时刻就到来了：我们高效完成了月新增300家门店的目标。此后3年，锅圈食汇稳稳地登上了每个月新开300家门店的台阶，并且开出了1万家门店。

为什么我们的上速度能成功实现？因为在压力测试下解决了两个与效率紧密相关的问题。

第一，把完成这个目标所要解决的问题，一次性全部测试完成，且将问题量化，提供资源解决问题，这也是我们赋能企业从千店到万店的密码。

第二，"压"掉了创始人可做可不做的事情，比如一些随意的、对目标没有实际帮助的主意，让全公司人、财、资源都聚焦在最主要的目标上面。

干完这件事后，团队又来找我，说："卫老师，我们再组织开几天会,把一个月的开店速度从300家提到600家!"我说:"不用。我们的目标就是开2万家门店,照这个速度,两三年也干完了,没必要提前。而且我们还有第二条腿没迈出去呢——我们不仅要一个月开300家门店,还要做到单店每年300万元的销售额才行。"

在单店模型不成立时,我们不能过于追求速度。效率为王也要有张有弛,否则一进行压力测试,整个公司就可能垮掉。只有18个月内百分之八九十的加盟商能回本,才说明单店模型是成立的,然后才能提速度。我们这种压力测试必须在已经有大几百个门店的时候才能用,因为样本数足够多,才能证明单店是撑得住的。这就相当于我带你跑高速马拉松,你身体这不好、那不行,肯定是跑不下来的。只有底子够好,我们才能帮助你上速度。

为了实现单店每年300万元的销售额,我们就需要以单店为核心做一次压力测试,最后压出来的问题在哪儿呢?单店的会员不够:1个会员花1000元,单店就要达到3000个会员,这个目标才能实现。一个门店有三四个店员,1个店员每天发展2个会员,1个月才能发展出大约200个新会员。但后来考虑到1个店员1天发展2个会员有难度,我们又降低了标准,一个门店1个月发展130个新会员,这样两年就可以发展到3000个会员了。

同样用压力测试的方法，能用两年的时间把单店业绩提升到原来的 3 倍。

此外，还要注意的是，每个企业都有自己的节奏，压力测试点不一定非要设定为每月新开 300 家门店，这个数字不是所有企业的标准答案。压力测试点的核心是要结合企业自身的实际情况进行折算。我之所以用锅圈食汇举例，是以它的单店销售额作为基准来测算的。如果你的企业单店销售能力更强，那么相应的压力测试点也应该进行调整。压力测试的目标要以开店速度或者以单店销售额提升为核心，应该是目前水准的 3~4 倍，否则压力不够，"压"不出组织短板。

4. 掌握供应链

当企业发展到一定阶段后，供应链往往就要抓在自己手里了，用行话来说，就是供应链的垂直整合。当然，这里存在一个节点，或者说临界点问题。

企业何时应该开始布局自建工厂，是需要仔细考量的，过早布局肯定是不行的。在门店规模还很小，基本量还没达到一定程度的时候，就贸然投入巨资建设工厂，大概率是行不通的，反而会降低效率，拖累企业发展。只有当门店规模达到一定程度、销量达到一定规模后，自建工厂才具备经济性和可行性。

但是，即使你已经开始自建工厂，也永远要保留一部分的外部采购，永远不要走向百分之百自给自足的道路。因为一旦你的工厂完全变成"独生子"，百分之百依赖自建工厂供货，就很容易滋生惰性。就像家里只有一个孩子，父母难免会溺爱，孩子也会觉得"反正我是你唯一的儿子，你不靠我靠谁呢"。时间久了，工厂的竞争力就会下降。我们需要在自建工厂之外始终保留一部分外部供应商，让它们之间形成一种良性竞争，就像引入一个"邻居家的孩子"来跟自己的孩子相互竞争、相互促进一样。

所以，我们一定要坚持"两条腿走路"的策略，既要有自建工厂，也要保持一定比例的外部采购，通过外部竞争来倒逼自建工厂不断改进、提升。而且，自建工厂的运营管理并没有想象中那么简单。你要时刻保持警惕，不能让工厂觉得"公司必须养活我"，要让工厂始终感受到外部竞争的压力。必要的时候，宁可牺牲一些短期利润，也要选择外部采购，以此来鞭策自建工厂努力降低成本、提升质量。同样，要允许甚至鼓励自建工厂向外部第三方供货，这也是不断检验自建工厂战斗力和效率的关键。

锅圈食汇就曾经走过弯路，一度有几个核心品类全部实现了自建工厂生产，结果后来质量、成本控制等各种问题接踵而至。

究其原因，就是工厂觉得自己是"独生子"，有恃无恐，缺乏外部竞争的压力和抗压的动力。当有了"邻居家的孩子"，情况就大不一样了。如果"独生子"的产品质量不行，成本又控制不好，我就把订单分给"邻居家的孩子"，让外部供应商来分担你的订单量。当然，外部采购的比例可以根据实际情况灵活调整，但一定要始终保持一定比例的外部采购，形成一种制衡机制。

你提高自建工厂的供货比例，确实能带来很多好处，例如供应链环节的利润会更加可观，因为工厂的利润也纳入企业内部了，而且产品的质量和供应稳定性也会更有保障。但这并不意味着所有品类都适合自建工厂，还是要有所取舍、有所侧重，关键是要明确你的核心品类是什么。以锅圈食汇为例，我们重点把控的就是四大核心品类：丸滑类、牛肉类、羊肉类和调料类，剩下的品类就可以放心地交给外部供应商。比如豆制品这些品类，就可以放心地进行外部采购，没有必要所有品类都自己做。

锅圈食汇的"术"

我经常举"先关窗还是先捡纸"的案例——如果你的桌子上放着一摞纸，窗户开着，一阵风进来，把桌上的纸都吹到地上了。

请问，这时你是先关窗还是先捡纸？

答案肯定是先关窗，因为如果先捡纸，风再从窗户吹进来，纸还是会被吹到地上。你做再多努力，效率仍然是零。你先把窗户关好，再去捡纸，就不用担心纸再次被吹落了。

所以，经营之术在于一定要善于抓重点、提效率。我们做投资的看见人闲着、资产闲着就难受，希望人员和资产效率可以得到最大效率的提升。

1. 消除淡季

所有消费型企业在经营过程中都会面临一个难题，就是淡季的出现。锅圈食汇也不例外，冬天还好，大家可以吃热乎乎的火锅；一到夏季就不行了，这时就出现了所谓的淡季。在淡季，你虽然支付了房租、人工等成本，但你的设备、库存等资产都闲置着，成本一天天消耗，收益很少，这就是一种极大的浪费，是经营低效的表现。更可怕的是，时间一久，你就会默认淡季的存在，觉得这一行就是这样，根本没办法避免。

实际上，真正高效的企业是没有淡季的，淡季是完全可以避免的。夏天人们确实不爱吃火锅，爱吃什么呢？爱吃烧烤。以前人们吃烧烤都要跑到外面去吃，因为自己在家没办法烤，没有器材，油烟还很大。所以锅圈食汇就把烧烤这条产品线拉了起来，通过打造一站式到家服务，解决了消费者居家烧烤准备烦琐、入味不佳、缺少烧烤器材、油烟弥漫等痛点。消费者从线下门店或线上App（应用程序）渠道可以购买到各种预制好的烧烤类菜品，自己只需要简单加工或复热，就能享受到与堂食一样的美食体验。而且锅圈食汇还提供烧烤炉、炭火、竹签等烧烤工具，甚至针对烧烤油烟问题，专门设计了一款适合居家使用的无油烟烧烤炉，让消费者享受到便捷、安心的烧烤体验。做烧烤与做火锅一样，锅圈食汇仍然还是坚持"好吃不贵"，利润率还是坚持6%。

每个消费型企业都要问问自己有没有淡季。做企业只有心中的淡季，没有实际的淡季。如果创始人和整个行业都用"淡季"这两个字原谅自己，那全行业肯定都是"淡"的。要提升效率，就要想办法消除淡季，改变消费者的习惯。你要做淡季不淡的事情，而不是旺季更旺的事情。因为你认为是旺季，你的同行都认为是旺季。我一直劝我们投资的消费型企业，永远不要在旺季别人纷纷促销的时候去凑热闹，代价是很高的。

2. 双总部模式

企业总部的选址也要遵循效率原则。锅圈食汇在郑州和上海设立了双总部；霸王茶姬作为西南地区的企业，分别在昆明和上海设立了总部。采用双总部模式是这些行业先行者的普遍选择。这些已经发展到或接近万店规模的企业，基本上都维持着双总部的架构。

在总部选址问题上，供应链并非首要考量因素。除非你的企业像锅圈食汇或卫龙一样，本身拥有工厂，例如锅圈食汇在漯河有工厂，卫龙在洛阳有工厂。在这种情况下，为了贴近生产基地，保证生产效率，企业必须在工厂所在地保留一个总部。但除此之外，决定总部选址的关键因素其实是中层管理人才的所在地。

企业迁总部不是为了高层，高层管理者在哪里办公其实都可以，真正需要迁就的是企业的中层干部。中层团队在哪里，哪里才是你应该优先考虑设立总部的地方，因为中层团队才是企业运营的核心力量。

对锅圈食汇这样的连锁品牌来说，第二个总部应该设在哪里？坦率地讲，我并不认为上海是总部选址的唯一最优解，但从目前来看，我更倾向于推荐上海。像肯德基、麦当劳、星巴克这些国际连锁巨头，它们的中国总部都设在上海。这意味着，在上海，万店连锁企业所需要的各类专业人才储备更为丰富，人才溢出效应也更加明显，企业更容易在这里招聘到合适的人才。

反观北京，虽然是首都，但在万店连锁企业方面，其实并没有诞生过特别成功的案例。这可能也说明，北京这座城市的土壤不太适合万店连锁这类企业发展壮大。或许北京更适合发展互联网、人工智能、大模型这类产业，这些领域的头部企业，确实大多聚集在北京。

所以，总部选址的核心还是要从管理和组织效率角度入手，看你所在行业的专业人才聚集在哪个城市。

3. 器材 + 耗材

我经常说，做耗材的创始人要仔细想一想，有没有可能做出器材。如果你做出了一个特别好的器材，就有可能带动耗材的消费。比如嘉御资本投资的素士电吹风，它本质上是一个器材，相对耐用。女生经常洗头，吹头发时总会担心头发越吹越干枯，素士就在机身上附带一个浓缩营养盒，每次吹风时，营养盒通过冷风释放出高浓度营养成分，为头发补充营养。一个营养盒几十元，用两三个月，一年需要四五个营养盒，折合300多元；一个电吹风也才卖300多元。器耗比接近1:1，这是一种非常理想的状态。

锅圈食汇第一年做夏季烧烤没起色，因为中国家庭里普遍都有电火锅，但没有烧烤架，没办法在家里烧烤。没有器材（厨具），就没有购买耗材（食材）的必要，所以我们就花了一年半的时间研发出一款红外无烟无油的烧烤架。一个卖食材的公司，为什么要研发烧烤架呢？就是因为食材是耗材，我的耗材卖不动，是因为器材不称手；有了称手的器材，耗材就会带着卖起来。我们也不靠烧烤炉赚钱，有时会员充值500元、1000元就会送一个烧烤炉，会员还会很开心。其实烧烤炉赚不赚钱不重要，重要的是要把耗材销量带起来。

4. 用"堆料"提升价性比

在存量时代，价格常常是竞争的关键要素，但我们一直不会去"卷"价格。以锅圈食汇为例，我们的客单价不能低于99元；以沪上阿姨为例，我们的客单价也不能低于12元。当时我们面临很大的竞争压力，因为市场上已经有其他品牌将客单价压低到9.9元甚至更低。

那么，我们是如何应对的呢？答案是"堆料"。以沪上阿姨为例，如果别家草莓茶只放4颗草莓，我们就放6颗甚至8颗。我们还创新推出了"一整颗梨一杯茶"这样的产品，强调秋季润肺防燥，冬季感冒后止咳。

这样做成本自然会上升，但我们相信消费者是能够感知到产品价值的。这就是我说的"价性比"。对于我们原有的成功价格带，能不突破，就一定不要突破。这并非盲目地与竞争对手比价，而是要坚守自身品牌已经验证成功的价格区间。我们不轻易降价，而是选择在原有价格基础上提升产品用料。

当时，锅圈食汇曾经走过小小的弯路，一度把套餐客单价降到了69元，但效果并不好。我们经过市场检验的那套业务指标判断，锅圈食汇的合理客单价应该在100元左右，如果勉强降到69元，反而会出问题。后来，我们又将价格恢复到了99元。但即使是99元，我们也需要持续吸引顾客，这就需要在产品用料上下功夫，通过"堆料"来提升产品的吸引力。我宁愿在99元的价格带上"堆料"，推出"毛肚自由"来保证产品的价值感。

沪上阿姨的草莓茶价格带也没有改变，但草莓从4颗变成了6颗，梨也从半颗变成了一颗。我们想尽一切办法，让消费者感知到我们实实在在的用料。就像理想汽车，它之所以能卖到40万元，是因为消费者能感知到它的大沙发、大彩电、大冰箱等配置所带来的价值。

所以，追求高效不是在价格上纠结得失，一切都要从"堆料"的角度去思考，这就是价性比的真谛。

5. 小包装 + 多组合

今天的年轻人都敢于也乐于尝试新鲜事物，但是你提供的尝试门槛一定要低，一定要把自己的好东西让消费者用较低的价格就能尝试一遍，降低消费者试用你的产品的成本，提升消费者认知并选择你的产品的效率。尤其是食物，不要动不动就 300 克、500 克，一种食物包装成 75 克、80 克，一个盒子里装上五六种口味，消费者可能花费 100 元就能把你的产品都体验一遍，然后从中找出自己最喜欢的。记住：消费者不会给你第二次机会，你要在他给你第一次机会时就尽可能地让他体验一遍。比如嘉御资本投资的十点一刻气泡酒，基本是几种口味组合的小包装。消费者担心一次买太多喝不完，那我就让它的包装足够小，但一顿饭尽可能让消费者多体验几种口味，其中总有一款是消费者喜欢的。

锅圈食汇的产品供给也非常丰富，产品 SKU（存货单位）超过 700 个，比如锅圈食汇主打的"露营烧烤季系列"，让露营烧烤实现"开袋即烤"，深得消费者青睐与认可。为了方便消费者体验，锅圈食汇也是采用"小包装+多组合"的模式，提前搭配好各种烧烤套餐组合，不但能减少消费者的决策时间，还能让消费者多体验几种产品，非常符合当代年轻人又"懒"又"馋"的消费习惯。

* * *

总而言之，锅圈食汇是新品类的开创者，把在家吃饭这件事情，从火锅到烧烤等品类，以更加便利且高价性比的方式实现，真正让消费者享受到"好吃不贵"。但我仍然想对锅圈食汇说，上市不是终点，而是新的起点，万店连锁也只是一个国民品牌的起步，未来，我们还要进一步实现"三拓"——拓门店、拓场景和拓供应链，期待锅圈食汇能从上市时的百亿元市值走向千亿元市值。